W0396746

* * *

Si simple,
si bon !

* * *

* * *

Lorsque j'étais petite, je passais des heures entières à regarder mes grand-mères cuisiner.
C'était mon jeu favori. Et depuis, je n'ai jamais cessé de m'amuser.

—

Oui, la cuisine est un jeu passionnant, gourmand et tellement sensuel!
Quel plaisir de flâner dans les marchés, de faire des découvertes et de se laisser inspirer!
La cuisine pimente ma vie, la parfume, la réchauffe, l'embellit.
La vraie façon pour moi de rencontrer les gens, c'est autour d'une table.
C'est là que les conversations s'animent, qu'on découvre le monde
en se nourrissant de ses saveurs et qu'on le réinvente.

—

Ce livre est un choix de recettes glanées au fil des rencontres, des voyages,
des lectures ainsi que de recettes de ma famille et de mes amis gourmands.
Certaines sont des classiques, d'autres sont au goût du jour, mais toutes sont simples.
C'est une cuisine conviviale, chaleureuse, une cuisine de saison qui fait appel aux meilleurs produits,
mais qui ne nécessite ni grandes techniques ni ustensiles sophistiqués.

—

Pour moi, comme pour beaucoup d'entre vous, la cuisine est avant tout instinctive.
Je souhaite que mes recettes vous servent de guide. Laissez libre cours à votre gourmandise et
à votre imagination et n'oubliez surtout pas que l'ingrédient principal est le plaisir.

—

Plaisir, voilà le mot-clé de ce livre que j'avais envie d'écrire depuis longtemps
et qui est ma façon à moi de vous recevoir tous à ma table.

* * *

Si simple, si bon!

— **Josée di Stasio** —

Photos de Louise Savoie

Toute adaptation ou utilisation de cette œuvre, en tout ou en partie, par quelque moyen que ce soit,
par toute personne ou tout groupe, amateur ou professionnel, est formellement interdite
sans l'autorisation écrite de l'auteur de tels droits ou de son agent autorisé.
Pour toute autorisation, veuillez communiquer avec l'agent autorisé de l'auteur:
agence Goodwin, 839, rue Sherbrooke Est, bureau 200, Montréal (Québec) H2L1K6,
www.agencegoodwin.com

Conception graphique: **orangetango**
Conseiller et styliste culinaire: **Stéphan Boucher**
Assistant-photographe et tirage numérique des photos noir et blanc: **Alain Fournier**
Assistante-styliste: **Jade Martel**
Adaptation graphique de la présente édition: **Delphine Delastre**

© 2004, Flammarion Québec et Josée di Stasio
© Éditions Flammarion, Paris 2005 pour la présente édition
ISBN: 2-0820-1438-X
N° d'édition: FT1438-01
Dépôt légal: mai 2005
www.editions.flammarion.com

À maman,
merci
de m'avoir fait cadeau
de la
gourmandise

1 c.à.s soja
tamari

3 c.à.s huile d'olive

2 c.à.s limette

2 c.à.s sirop ou miel

1 gousse d'ail

1/4 c.à.t piment de
Cayenne

— Table des matières —

* * *

* * *

— Les amuse-bouches —

* * *

Plateau pour l'apéro sans trop cuisiner

Pour offrir un plateau d'amuse-bouches à l'heure de l'apéritif sans passer des heures en cuisine.

* * *

J'adore l'heure de l'apéritif. C'est le début d'un moment privilégié où l'on s'arrête...

—

Une bouchée, deux ou trois, même les plus simples seront toujours bien reçues. Une formule que j'affectionne particulièrement, qui peut remplacer l'entrée. On prend alors tout son temps, puis on passe à table pour le plat principal. C'est facile et combien convivial!

* * *

De beaux quartiers de **melon** pelés, épépinés et bien poivrés. Une assiette magnifique et sans effort. Profitez aussi de la saison des figues, taillées et servies avec du prosciutto ou une autre viande.

—

Un bloc de **parmesan** (ou autre fromage sec) accompagné d'un couteau pour en détacher des morceaux.

Un **légume de saison** (radis, fenouil, cœur de céleri-branche avec feuilles...) déposé de façon désinvolte, accompagné d'une bonne huile d'olive nature ou au citron (p. 176) et saupoudré d'un bon sel de mer.

—

Sur des **croûtons** (p. 172) ou légumes de saison, un choix de garnitures (du commerce ou maison) :

- Pesto de tomates séchées
- Mousse de saumon fumé (p. 18)
- Mousse de foies de volaille aux figues (p. 21)
- Caponata (p. 98)
- Tartinade d'olives noires (p. 14)
- Œufs brouillés garnis de ciboulette et d'œufs de poisson
- Hoummos mélangé à du pesto de tomates séchées
- Poivrons rouges et jaunes rôtis, pelés, coupés en julienne, avec un filet d'huile, ail, sel et poivre
- Tomates-cerises en quartiers, chiffonnade de basilic et de menthe, ail, filet d'huile, sel et poivre
- Ricotta égouttée et pesto.

Un bol de **noix** grillées quelques minutes sur la plaque du four à 180 °C (th. 6).

—

Une assiette de bonnes **olives** marinées.

—

Saucissons ou viandes séchées (bresaola, magret de canard séché, prosciutto), avec melon, morceaux de poire ou de papaye bien poivrés.

—

Des **grissinis** (p. 16) déposés dans un verre.

—

Des quartiers d'**œufs** accompagnés de sel parfumé.

* * *

Olives au martini

Il n'y a jamais assez d'olives dans un Martini, voilà la solution…

330 g

* * *

330 g d'olives vertes

—

Martini, Vermouth blanc, Cinzano ou Noilly Prat

—

Vodka ou gin (de quoi recouvrir les olives)

—

Quelques rubans de zestes de citron

* * *

Égoutter, rincer et éponger les olives.

—

Dans un bocal, mélanger la vodka ou le gin, quelques giclées de Martini, selon votre goût, et les zestes de citron.

—

Ajouter les olives et réfrigérer au moins 1 h.

* * *

Tartinade d'olives noires

Avec un verre de rosé, on se retrouve en Provence.
Une recette vite faite qui se bonifie préparée quelques heures à l'avance.

165 g

* * *

165 g d'olives noires dénoyautées*

—

1 c. à café de zeste d'orange finement râpé

—

1 c. à soupe de jus d'orange

—

1 c. à café de graines de fenouil écrasées ou moulues

—

3 c. à soupe d'huile d'olive

—

Poivre du moulin

* * *

Dans le bol du mixeur, placer les olives dénoyautées avec les autres ingrédients, à l'exception du poivre. Par pulsions, hacher grossièrement pour obtenir un concassé. Éviter de réduire en purée. Poivrer.

—

Verser dans un bocal et laisser réfrigérer.

* * *

Servir

Cette tapenade est délicieuse sur des tartines grillées ou des légumes (fenouil, céleri), dans un sandwich, sur des pâtes chaudes ou froides, ou pour garnir une salade de mozzarella et tomates.

Note

On peut faire la tartinade au couteau de chef ou au hachoir berçoir. Hacher les olives, déposer dans un bol et ajouter le reste des ingrédients. Mélanger.

Conservation

Au réfrigérateur, jusqu'à trois semaines.

*Pour dénoyauter les olives, les placer dans un sac en plastique et les écraser à l'aide d'une petite casserole, d'une boîte de conserve, ou utiliser simplement le dénoyauteur.
Pour les dessaler, déposer les olives dénoyautées dans un bol, les couvrir d'eau bouillante et laisser reposer quelques minutes. Rincer sous l'eau froide et éponger avec du papier absorbant.

Grissinis

Délicieux de l'apéritif au fromage
en passant par la soupe.

24 grissinis

* * *

1 boule de 500 g
de pâte à pizza du commerce*
ou voir recette (p. 103)

—

Huile d'olive

—

Romarin ou origan séché,
paprika, graines de sésame,
de pavot ou de fenouil

—

Gros sel

* * *

Préchauffer le four à 200 °C (th. 6/7).

—

Diviser la pâte en deux.

—

Sur un plan de travail légèrement fariné, abaisser chaque morceau de pâte à l'aide d'un rouleau à pâtisserie en un rectangle de 13 x 30 cm.

—

Saupoudrer d'épices, d'herbes séchées ou de graines et passer le rouleau pour bien faire pénétrer les aromates dans la pâte.

—

Découper en fines lanières de 2 cm à l'aide d'un couteau ou d'une roulette à pizza. Les bâtonnets doivent être de taille égale pour uniformiser le temps de cuisson.

—

Rouler les bâtonnets entre les doigts de pâte pour les arrondir en serpentins.

—

Déposer les grissinis sur une plaque huilée et les badigeonner généreusement d'huile.

—

Saupoudrer de gros sel et éventuellement torsader.

—

Cuire au centre du four environ 15 min jusqu'à ce que les grissinis soient bien dorés et secs.

—

Sortir la plaque du four et laisser sécher les grissinis avant de les manipuler.

* * *

*Si la pâte est congelée, la badigeonner d'huile et la placer dans un bol. Couvrir d'un linge humide et laisser décongeler au réfrigérateur une nuit ou à température ambiante au moins 6 h.

Mousse de saumon fumé

Une recette de Daniel Pinard.
Tout simplement du saumon fumé réduit en mousse avec de la crème, point.
Pour le reste, c'est affaire de goût…

165 g

* * *

150 g
de saumon fumé

—

1 c. à café
de crème de raifort

—

1 c. à café
de zeste fin de citron

—

1 c. à café
de jus de citron

—

5 c. à soupe
de crème fraîche

—

1 c. à soupe
de ciboulette hachée finement

—

Poivre du moulin

* * *

Dans le bol du mixeur, mettre le saumon, la crème de raifort, le zeste et le jus de citron.

—

Mixer grossièrement par touches successives.

—

Ajouter peu à peu la crème jusqu'à consistance d'une mousse.

—

Déposer dans un bol, incorporer la ciboulette; poivrer selon votre goût.

* * *

Garnir de quelques brins de ciboulette ou de quelques câpres.

—

Tartiner sur des croûtons (p. 172).

—

Dans le creux d'une feuille d'endive et coiffée de quelques œufs de truite ou de saumon.

—

Sur une rondelle épaisse de concombre qu'on aura légèrement creusée à la cuillère.

—

Sur des petits pains coupés en deux et grillés.

Mousse de foies de volaille aux figues

Cette mousse délicieuse à l'apéritif peut aussi se servir en entrée dans des ramequins individuels. On peut la préparer à l'avance et l'apporter chez des amis ou l'offrir en cadeau.

410 g

* * *

360 g de foies de volaille parés

—

1,5 c. à soupe de vinaigre de vin blanc ou de cidre

—

360 g de beurre froid

—

3 c. à soupe de vin cuit (porto, madère, xérès)

—

3/4 c. à café de sel

—

Poivre du moulin

—

1/4 c. à café de piment de la Jamaïque moulu

—

150 g de figues séchées, hachées et trempées 20 min dans le vin cuit

* * *

Dans une casserole, couvrir les foies de volaille d'eau froide, ajouter le vinaigre.

—

Faire pocher à feu moyen-doux, à frémissement, environ 5 min.

—

Retirer du feu, égoutter les foies, les éponger sur du papier absorbant. Placer dans le bol du mixeur les foies de volaille, le beurre, le vin, le sel, le poivre, le piment de la Jamaïque et réduire en purée fine. Racler souvent les parois à l'aide d'une spatule.

—

Incorporer les figues.

—

Verser la préparation dans un bol ou en petites portions dans des ramequins.

* * *

Servir

accompagné de tranches de pain brioché grillées.

—

Avec de petits toasts.

—

Avec des tranches de pommes.

Variante

Faire tremper les figues dans du jus de pomme et supprimer le vin cuit.

Conservation

Garder au réfrigérateur jusqu'à une semaine. La mousse peut être congelée et, le moment venu, dégelée au réfrigérateur.

— Les entrées — et les soupes

* * *

Poireaux rôtis à la menthe

Le chef Jacques Robert a fait cette recette à l'émission À la di Stasio *et on l'a adoptée immédiatement!*

4 portions

* * *

4 poireaux fins ou moyens, parés, coupés en 2 sur la longueur mais rattachés à la base

—

40 à 60 feuilles de menthe

—

Jus de 1/2 citron

—

Sel et poivre du moulin

—

1 c. à soupe de sucre

—

50 g de parmesan râpé

* * *

Préchauffer le four à 200 °C (th. 6/7). Huiler la plaque de cuisson.

—

Blanchir les poireaux environ 2 min à l'eau bouillante salée jusqu'à ce qu'ils soient tendres.

—

Arrêter la cuisson en les immergeant dans un saladier d'eau glacée. Bien égoutter.

—

Disposer les poireaux sur la plaque du four.

—

Insérer 5 feuilles de menthe entre les feuillets de chaque demi-poireau.

—

Arroser de quelques gouttes de jus de citron. Assaisonner selon votre goût.

—

Saupoudrer légèrement de sucre.

—

Saupoudrer de parmesan et cuire au four 5 min jusqu'à ce que le parmesan soit doré légèrement.

* * *

Asperges rôties au parmesan

* * *

Griller les asperges (p. 118) et, 5 min avant la fin de la cuisson, ajouter du parmesan râpé et laisser fondre.

* * *

Poivrons à la piémontaise

Un classique italien habituellement relevé de filets d'anchois, qui laisse cependant tout plein de possibilités. Aussi beau et bon en accompagnement.

4 portions

* * *

4 tomates roma
ou 2 grosses tomates rondes

—

2 poivrons jaunes ou orange

—

Huile d'olive

—

Sel et poivre du moulin

—

Ail écrasé
(facultatif)

* * *

Garniture, au choix

—

Origan

—

Basilic

—

Pesto

—

Salsa verde

—

Anchois coupés
sur la longueur
(attention au sel si vous utilisez des anchois en boîte)

* * *

Préchauffer le four à 180 °C (th. 6).

—

Peler les tomates (p. 179), les couper en deux et les épépiner.

—

Couper les poivrons en deux sur la longueur à travers le pédoncule. Les épépiner et badigeonner généreusement l'intérieur d'huile d'olive. Saler, poivrer, ajouter l'ail et la garniture choisie.

—

Huiler un plat à four et y déposer les poivrons.

—

Dans chaque demi-poivron, mettre deux demi-tomates, saler et poivrer de nouveau. Arroser d'un filet d'huile.

—

Couvrir d'un papier d'aluminium.

—

Cuire 45 min, découvrir et poursuivre la cuisson encore 45 min.

* * *

Se mange chaud ou à température ambiante.

Variante

Réserver les poivrons à température ambiante. Déposer quelques tranches de mozzarella dans chaque assiette, arroser d'un filet d'huile d'olive, de quelques gouttes d'un bon vinaigre, saler et poivrer. Coiffer d'un demi-poivron et garnir d'olives noires, de câpres ou d'herbes fraîches.

Artichauts à la provençale

Pour une entrée légère aux parfums du Midi.
Et pour moi, c'est le plaisir de manger avec les doigts.

4 portions

* * *

4 artichauts moyens

—

1/2 citron

—

Huile d'olive

—

1 oignon coupé en 4
ou 2 échalotes
coupées en 2

—

2 gousses d'ail
coupées en 2

—

1 feuille de laurier

—

Une poignée de thym frais
ou 2 c. à café
d'herbes de Provence
ou de thym séché

—

Sel et quelques grains de poivre

—

12,5 cl de Noilly Prat
ou de vin blanc
ou 4 c. à soupe
de vinaigre de vin blanc

—

Eau ou bouillon de poule

* * *

Garniture

—

Zeste de citron

—

Persil plat haché

—

Branches de thym frais

* * *

Pour parer les artichauts, retirer les feuilles à la base. Si la tige y est encore, la casser.

—

Couper environ 2,5 cm de la partie supérieure des artichauts. À l'aide de ciseaux, couper le bout piquant des feuilles (bractées). Au fur et à mesure, citronner les parties coupées.

—

Retirer le foin au cœur de l'artichaut à l'aide d'une cuillère à pamplemousse ou d'une petite cuillère. Citronner.

—

Dans une casserole juste assez grande pour contenir les artichauts, verser de l'huile d'olive pour en couvrir généreusement le fond.

—

Déposer les artichauts debout les uns à côté des autres.

—

Ajouter le reste des ingrédients et suffisamment d'eau ou de bouillon pour couvrir les artichauts aux deux tiers. Goûter et rectifier l'assaisonnement. Le bouillon doit être assez salé.

—

Laisser mijoter à couvert 20 à 30 min. On peut vérifier la cuisson en tirant sur quelques feuilles à la base des artichauts ou en piquant les fonds.

* * *

Servir

à température ambiante ou froids.

—

Décorer de zeste de citron, de persil ou de thym.

Salade de verdure, vinaigrette au parmesan

Cette vinaigrette, qui me vient de ma copine Arline Gélinas, est délicieuse sur la laitue, des tomates ou sur des légumes grillés. Il m'arrive d'en faire mon déjeuner avec du poulet grillé.

4 portions

* * *

300 g
de roquette ou de jeunes pousses d'épinards lavées, essorées

* * *

Vinaigrette au parmesan

—

12,5 cl d'huile d'olive

—

25 g de parmesan râpé

—

1 c. à café
de jus de citron

—

2 c. à café
de vinaigre de vin blanc

—

Sel et poivre du moulin

* * *

Accompagnements, au choix

—

Quartiers d'oignons ou cipollinis rôtis (p. 118)

—

Croûtons (p. 172)

—

Copeaux de parmesan reggiano ou grana padano (p. 178)

—

12 fines tranches de bresaola ou viande des Grison

—

4 fines tranches de prosciutto cru ou croustillant (ci-contre)

* * *

Fouetter tous les ingrédients de la vinaigrette. Au besoin, ajouter un peu d'eau, 1 cuillerée à la fois, pour allonger la sauce.

—

Assaisonner selon votre goût.

—

Dans un grand saladier, mêler la roquette avec un peu de vinaigrette et réserver le reste de la vinaigrette au réfrigérateur.

—

Garnir, au choix, avec un ou plusieurs des accompagnements suggérés.

* * *

Chips de prosciutto

* * *

Préchauffer le four à 180 °C (th. 6). Sur une plaque de cuisson, déposer des tranches de prosciutto et les faire cuire environ 15 min.

—

Si en refroidissant les chips ne deviennent pas craquantes, les remettre au four quelques minutes.

—

Une fois refroidies, les chips de prosciutto se conservent quelques jours au réfrigérateur.

* * *

Salade de tomates et mangues

C'est vite devenu un nouveau classique, et pour cause !

4 portions

* * *

3 tomates
en quartiers
ou 300 g
de petites tomates cocktail
coupées en 2

—

2 mangues pelées*,
en quartiers

—

Vinaigre de vin blanc ou autre
(facultatif)

—

Huile d'olive

—

Sel et poivre du moulin

—

Curry

—

Feuilles de basilic,
de coriandre ou
ciboulette hachées finement,
au choix

* * *

Dans un saladier
ou sur une assiette de service
ou des assiettes individuelles,
disposer les quartiers de tomates ou
les tomates cocktail et les quartiers
de mangues.

—

Arroser d'une petite quantité
de vinaigre de vin blanc et d'huile
d'olive, assaisonner. Remuer.

—

Saupoudrer d'une pincée ou plus
de curry.

—

Terminer la présentation avec
l'herbe aromatique choisie.

* * *

*Peler la mangue avec un couteau bien aiguisé ou un économe.
Couper la mangue en deux en passant la lame le plus près possible de chaque côté du noyau.

Salade de betteraves braisées

Intéressante en entrée mais également en accompagnement d'un soufflé ou de saumon.

4 portions

* * *

4 betteraves moyennes crues, pelées, en cubes ou en quartiers

—

12,5 cl d'eau

—

4 c. à soupe d'échalote émincée

—

Sel

—

1 c. à soupe ou plus de vinaigre de Xérès ou autre vinaigre de vin

—

2 c. à soupe d'huile d'olive

—

Sel et poivre du moulin

* * *

Garniture

—

Feuilles de cresson, roquette, mesclun ou autres salades de saison

—

Huile, sel et poivre du moulin

* * *

Dans une casserole, cuire les betteraves dans l'eau avec l'échalote et le sel environ 15 min à couvert.

—

Égoutter les betteraves en réservant le jus de cuisson.

—

Dans le jus de cuisson, ajouter en fouettant le vinaigre, l'huile d'olive, le sel et le poivre.

—

Verser sur les betteraves.

* * *

Servir

à température ambiante sur la salade choisie et arroser éventuellement d'huile.

Variantes

Pour une entrée plus consistante, ajouter quelques tranches de saumon fumé ou y émietter quelques morceaux de bleu.

—

Lors du braisage, ajouter des graines de coriandre ou de cumin écrasées au mortier.

Salade de cresson nipponne

Cette salade peut servir d'élément de base pour un repas aux saveurs asiatiques (p. 184).

4 portions

* * *

Vinaigrette

—

2 c. à soupe de vinaigre de riz

—

2 c. à soupe de sauce soja

—

4 c. à soupe d'huile d'olive

—

1/2 à 1 c. à café de sirop d'érable ou de cassonade

—

Quelques gouttes d'huile de sésame (facultatif)

* * *

Cresson ou jeunes pousses d'épinards

—

Carottes râpées (facultatif)

—

Crevettes ou pétoncles (facultatif)

* * *

Garniture

—

Graines de sésame ou coriandre hachée

* * *

Dans un saladier, bien mélanger les ingrédients de la vinaigrette.

—

Déposer les ingrédients choisis sur la vinaigrette, sans remuer.

—

Au moment de servir, assaisonner délicatement la salade de vinaigrette.

* * *

Servir
avec des crevettes ou des pétoncles sautés, et aussi en accompagnement de poisson ou de porc grillé.

Crevettes et pétoncles

* * *

Pour faire sauter efficacement crevettes et pétoncles, les éponger soigneusement sur du papier absorbant avant de les cuire dans un peu d'huile à feu vif.

—

Cuire juste le temps que les fruits de mer changent de couleur, sans plus. Saler et poivrer.
On pourra aussi ajouter du piment et de l'ail. Éviter de trop les cuire, ce qui les rendrait caoutchouteux.

* * *

Salade de fenouil, champignons et parmesan

Simplissime et tellement frais. Sortez votre bonne huile d'olive.

4 portions

* * *

225 g de champignons sauvages ou de champignons de Paris en tranches

—

Sel et poivre du moulin

—

2 c. à soupe de jus de citron

—

6 c. à soupe d'huile d'olive

—

2 bulbes de fenouil parés (p. 173)

—

25 g de copeaux de parmesan reggiano ou de grana padano

* * *

Dans une poêle, faire sauter les champignons dans 1 cuillerée à soupe d'huile jusqu'à évaporation de leur eau. Saler et poivrer.

—

Dans un petit bol, mélanger le jus de citron et l'huile d'olive.

—

Émincer le fenouil à la mandoline ou le plus finement possible à l'aide d'un bon couteau.

Étaler les tranches de fenouil sur un plat. Répartir les tranches de champignons sur le fenouil et garnir de copeaux de fromage. Pour prélever facilement les copeaux de fromage, voir p. 178.

—

Arroser le tout avec la vinaigrette. Saler et poivrer.

* * *

Servir

immédiatement.

Variante

Garnir de chips de prosciutto (p. 30) émiettées avec les copeaux de fromage.

Salade de fenouil et pommes

Oui, j'ai un faible pour le fenouil !

4 portions

* * *

2 bulbes de fenouil parés (p. 173)

—

1 ou 2 pommes fermes épépinées, émincées

—

5 c. à soupe d'huile au citron (p. 176) ou 5 c. à soupe d'huile d'olive et 2 c. à soupe de jus de citron

—

Sel et poivre du moulin

—

Copeaux de parmesan reggiano ou de grana padano (p. 178)

* * *

Émincer le fenouil à la mandoline ou le plus finement possible à l'aide d'un bon couteau.

—

Étaler les tranches de fenouil sur un plat. Répartir les lamelles de pommes sur le fenouil.

—

Arroser d'huile au citron ou de la vinaigrette au citron.

—

Assaisonner et garnir de copeaux de parmesan.

* * *

Variante

La plus connue de toutes, celle que ma grand-mère faisait. Des bulbes de fenouil finement tranchés, des suprêmes ou des tranches d'oranges, et le jus recueilli, de l'huile d'olive, du sel et du poivre du moulin.

Magrets de canard séchés

Faire sa propre «charcuterie» est gratifiant.
Encore merci Jacques Robert.

En entrée : 12 portions

* * *

2 magrets de canard
d'environ 500 g chacun

—

Gros sel
en quantité suffisante

—

Poivre
concassé grossièrement

—

Thym frais
(facultatif)

* * *

Enfouir complètement les magrets dans le sel.

—

Laisser dégorger 36 h au réfrigérateur.

—

Retirer les magrets du sel, les essuyer soigneusement.

—

Poivrer les magrets côté chair, placer le thym entre les deux et les ficeler solidement ensemble.

—

Envelopper dans un linge et laisser sécher 10 jours au réfrigérateur.

* * *

Avant de servir,
gratter le poivre et jeter le thym. Découper le surplus de gras en ne laissant qu'une fine pellicule. Détailler en très fines tranches. Pour obtenir des tranches très minces, les déposer entre deux feuilles de papier sulfurisé et amincir à l'aide d'un rouleau à pâtisserie.

Accompagner d'une salade.

—

Avec des quartiers de fruits (melon, figues, poires, etc.).

—

Ou simplement à l'apéro accompagné d'olives, de grissinis (p. 16), etc.

Conservation
Placer au réfrigérateur les magrets entourés d'un linge dans un contenant hermétique.

—

On peut aussi demander à son boucher de tailler les magrets et de mettre les tranches sous vide, en petites quantités.

Des huîtres

Vivement la saison !

* * *

À l'achat : choisir des huîtres bien fermées, qui devront donner un son plein en les frappant avec un bâtonnet.

—

Conserver les huîtres, sans les nettoyer, côté bombé en dessous pour que le mollusque repose dans son eau. Éviter de conserver les huîtres dans un sac en plastique. Placer les huîtres dans un saladier et les couvrir d'un linge humide, à remouiller au besoin. Éviter de couvrir de film alimentaire, qui empêche les huîtres de respirer. Les huîtres se conservent de sept à dix jours au réfrigérateur.

—

Prévoir un plateau garni de gros sel ou de glace concassée pour bien caler les coquilles.

* * *

Huîtres froides

* * *

Un choix de garnitures est déposé sur la table et l'on se sert à sa guise de :

_ quartiers de citron vert ou de citron
_ ma mignonnette : jus de citron vert et vinaigre de riz à parts égales, gingembre frais râpé et échalote émincée
_ vodka en burette
_ sauces piquantes du commerce.

* * *

Variantes

Accompagner de cocktails shooters *de virgin ou bloody mary garnis d'un bâtonnet de céleri et pour les nostalgiques : sauce chili, crème de raifort et jus de citron vert.*

—

Garnir les huîtres d'une tranche de chorizo chaude bien grillée et accompagner de quartiers de citron ou de citron vert.

Huîtres chaudes

* * *

Huîtres gratinées au beurre d'amandes : mélanger à parts égales amandes grillées réduites en poudre et beurre en pommade. Ajouter un peu d'échalote émincée et saupoudrer les huîtres de cette chapelure. Déposer sur une plaque à cuisson garnie de gros sel et cuire 5 min à 220 °C (th. 7/8). Gratiner 1 à 2 min sous le gril.

* * *

Minestrone

C'est «la totale» en termes de mets réconfortants.
Pour une soupe aux légumes, comment ne pas faire confiance à Biaggio «Nino» Marcone du Marché Jean-Talon?
Après tout, le légume, il connaît ça un peu beaucoup!

8 à 10 portions

* * *

Haricots rouges secs
ou haricots en conserve égouttés, rincés (voir Variantes)
ou haricots coco roses frais écossés (voir Variantes)

—

2 feuilles de laurier

—

1 céleri-rave pelé, en cubes

—

3 pommes de terre pelées, en cubes

—

1/2 chou frisé haché grossièrement

—

1 oignon haché

—

4 carottes pelées, tranchées

—

Petits artichauts, les cœurs parés (facultatif)

—

1 croûte de parmesan en 2 morceaux

—

2,5 l de bouillon de poule chaud

—

Sel et poivre du moulin

—

Courgettes jaunes ou vertes en cubes

* * *

Garniture

—

Huile d'olive

—

Parmesan râpé

—

Pesto

* * *

Dans une grande casserole, couvrir largement les haricots secs d'eau froide à laquelle on aura ajouté 2 feuilles de laurier.

—

Cuire environ 40 à 50 min jusqu'à ce que les haricots soient presque tendres. Saler l'eau à mi-cuisson. Égoutter les haricots.

—

Dans la même casserole, ajouter aux haricots le céleri-rave, les pommes de terre, le chou, l'oignon, les carottes, les petits artichauts et les morceaux de croûte de parmesan.

—

Verser le bouillon, saler et poivrer.

—

Laisser mijoter environ 20 min.

—

Ajouter les courgettes, poursuivre la cuisson 5 min.

—

Avant de servir, retirer les morceaux de croûte de parmesan.

* * *

Avant de servir,
chacun verse un bon filet d'huile d'olive et saupoudre sa soupe de parmesan râpé ou ajoute une cuillerée de pesto.

Variantes

On pourra remplacer les haricots secs par des haricots blancs en conserve. Dans ce cas, les égoutter, les rincer et les ajouter à la soupe en même temps que les courgettes.

—

Pour la cuisson des haricots fraîchement cueillis, les cuire dans du bouillon de poule avec 2 feuilles de laurier, une bonne rasade d'huile d'olive et 6 tomates-cerises. Cuire jusqu'à ce que les haricots soient presque tendres.

Conservation

En garder en portions au congélateur.

Stracciatella

(Potage aux œufs)

La stracciatella *de ma mère est la meilleure au monde parce que son bouillon est, bien sûr, le meilleur au monde!*

4 portions

* * *

1 l de bouillon de poule

—

1 œuf pour 4 personnes (soupe avec pâtes) ou 1 œuf pour 2 personnes (soupe sans pâtes)

—

Poivre du moulin

—

Muscade fraîchement râpée

—

1 bonne c. à soupe de parmesan râpé ou plus

—

Pâtes courtes cuites : risoni, orzo, piombi, etc. (facultatif)

—

Persil haché

* * *

Dans une casserole, porter le bouillon à ébullition.

—

Dans un bol, fouetter ensemble les œufs, les épices et le parmesan.

—

Réduire la chaleur du bouillon à «mijotement», incorporer le mélange d'œuf. Lorsqu'il commence à coaguler, remuer à l'aide d'une fourchette pour y défaire l'œuf.

—

Avant de servir, ajouter, éventuellement, les pâtes courtes et le persil haché.

* * *

Soupe aux œufs à la chinoise

4 portions

* * *

1 l de bouillon de poule

—

3 c. à soupe de sauce soja

—

2 c. à café de gingembre haché

* * *

Légumes, au choix

—

Tranches de champignons frais, chou nappa émincé, pois gourmands en julienne, jeunes pousses d'épinards ou germes de soja

* * *

2 œufs

—

25 g de ciboule émincée

* * *

Dans une casserole moyenne, porter à ébullition le bouillon, la sauce soja et le gingembre.

—

Ajouter les légumes choisis, réduire le feu, laisser mijoter doucement pendant 2 min.

—

Dans un petit bol, battre les œufs à la fourchette.

Incorporer les œufs. Lorsque les œufs commencent à coaguler, remuer à l'aide d'une fourchette.

—

Garnir de ciboule, servir immédiatement.

—

On pourra parfumer la soupe de quelques gouttes d'huile de sésame.

* * *

Potage à la courge musquée

En cuisant la courge au four pour préparer le potage, on s'épargne la tâche de la peler et on en concentre le goût. Il y a plusieurs façons de servir cette soupe. C'est selon votre goût.

6 portions

* * *

1 courge musquée (butternut) de 1 kg

—

4 gousses d'ail en chemise

—

3 c. à soupe d'huile d'olive

—

Sel et poivre du moulin

—

1 gros oignon ou 6 échalotes émincés

—

45 g de beurre

—

2 c. à soupe de gingembre haché finement

—

2 c. à café de curry doux

—

1 l de bouillon de poule ou de légumes

—

* * *

Garniture

—

Yaourt nature et quartiers de citron vert

* * *

Couper en deux la courge. Cette tâche est plus facile si on utilise un gros couteau sur lequel on frappe avec un maillet. Épépiner.

—

Préchauffer le four à 190 °C (th. 6/7).

—

Tapisser la lèchefrite de papier sulfurisé ou d'aluminium.

—

Badigeonner la courge et les gousses d'ail d'huile, saler et poivrer. Déposer les deux moitiés de courge, faces coupées sur la plaque. Placer les gousses d'ail sous les courges.

—

Cuire 45 min au centre du four jusqu'à ce que la chair soit tendre.

—

Tiédir 10 min avant de peler les demi-courges et l'ail. Réserver.

—

Dans une grande casserole, à feu moyen, fondre l'oignon dans le beurre pendant 10 min en remuant régulièrement.

—

Incorporer le gingembre et le curry. Poursuivre la cuisson 1 min.

—

Ajouter la courge, l'ail et le bouillon. Porter à ébullition à feu vif, réduire la chaleur, laisser mijoter à découvert 10 min.

—

Dans le mixeur, réduire le potage en purée. Allonger de bouillon si besoin.

—

Réchauffer.

* * *

Avant de servir,
garnir de yaourt et de quartiers de citron vert.

Variantes

Remplacer le yaourt par du lait de coco ajouté en fin de cuisson et une chiffonnade d'épinards. Garnir le potage d'amandes effilées grillées.

—

Verser le potage dans une assiette creuse chaude. Disposer au centre des crevettes ou des pétoncles bien saisis. Garnir de ciboulette hachée ou d'un filet d'huile parfumée.

Fumet de champignons

Voilà une entrée raffinée et légère au goût savoureux... pratiquement un dépanneur!

1 l (4 bols)

* * *

1,5 l de bouillon de poule ou de légumes faible en sel

—

2 ou 3 échalotes émincées

—

15 g de cèpes déshydratés

—

1 pincée ou plus de thym séché ou 1 branche de thym frais

* * *

Dans une casserole, porter tous les ingrédients à ébullition. Laisser mijoter 15 à 20 min à découvert et réduire pour obtenir 1 l (4 bols) de bouillon. Rectifier l'assaisonnement. Tiédir et filtrer.

* * *

Avant de servir, ajouter au bouillon chaud des tortellini ou des ravioli au fromage ou aux champignons cuits séparément. Garnir de persil plat ou de feuilles de cresson.

—

Ajouter au bouillon chaud de fines tranches de champignons cremini (café), très petits champignons de Paris ou shiitake, sans le pied ou des champignons enoki et de la ciboulette hachée.

Cappuccino de champignons

Un « trompe-l'œil » qui fait son effet.

4 portions

* * *

1 oignon haché finement

—

1 poireau paré, haché finement

—

30 g de beurre

—

500 g de champignons tranchés

—

1 petite pomme de terre pelée, en quartiers

—

Sel et poivre du moulin

—

1 c. à soupe de thym frais ou 1 c. à café de thym séché

—

10 à 15 g de cèpes séchés, moulus* (facultatif)

—

75 cl de bouillon de poule

—

25 cl de crème fraîche

* * *

Dans une casserole, faire fondre l'oignon et le poireau dans le beurre à feu doux.

—

Ajouter les champignons frais, augmenter la chaleur, cuire jusqu'à évaporation de l'eau.

—

Ajouter la pomme de terre, assaisonner et ajouter le thym.

—

Réserver 1 c. à soupe des cèpes moulus.

—

Ajouter le reste des champignons secs et le bouillon.

—

Porter à ébullition, laisser mijoter 15 min à mi-couvert.

—

Quelques minutes avant de servir, ajouter la moitié de la crème.

—

Réduire la soupe en purée au mixeur. Allonger au besoin.

—

Réserver au chaud.

—

Fouetter le reste de la crème.

* * *

Avant de servir,
verser la soupe dans 4 tasses à café. Couvrir chaque portion de crème fouettée pour imiter la mousse d'un cappuccino et saupoudrer de cèpes séchés sur la crème.

Variante
Remplacer la crème par du lait chaud écrémé et, à l'aide d'un fouet à cappuccino, monter le lait en mousse.

*Moudre les cèpes dans un moulin à café. Pour nettoyer celui-ci, mettre 2 c. à soupe de gros sel dans le moulin, actionner et secouer en même temps. Jeter le sel et bien essuyer le moulin avec un chiffon humide. Laisser sécher.

— Les plats principaux —

* * *

Ramequins d'œufs et jambon

Une solution pour les brunchs du week-end.

6 portions

* * *

6 tranches
de pain de mie sans croûte

—

Beurre

—

6 tranches
de jambon à l'ancienne
découpées en disques d'environ
12,5 cm de diamètre

—

6 gros œufs

—

Sel et poivre du moulin

* * *

Garnitures, au choix
(facultatif)

—

Jeunes pousses d'épinards

—

Champignons tranchés
et sautés au beurre

* * *

Préchauffer le four à 180 °C (th. 6).

—

À l'aide d'un rouleau à pâtisserie, écraser les tranches de pain le plus finement possible, de façon à garnir le fond de moules à muffins.

—

Beurrer l'une des faces de chaque tranche de pain et déposer, face beurrée, dans les moules. Recouvrir des tranches de jambon.

—

Ajouter éventuellement la garniture choisie sur le jambon et compléter avec 1 œuf. Saler et poivrer.

—

Mettre au four 20 à 25 min ou jusqu'à ce que l'œuf soit cuit.

* * *

Accompagner d'une salade de pousses d'épinards, un mesclun ou une salade de saison.

—

Avec une sauce tomate.

—

Avec des tomates arrosées d'un filet d'huile d'olive et garnies d'herbes fraîches.

Variante

Supprimer éventuellement le pain.

Soufflés au fromage en deux temps

C'est beau, c'est délicieux, une recette que j'ai goûtée lors d'un brunch chez mon ami Stéphan Boucher. J'aime bièn qu'on puisse les préparer à l'avance, il ne reste plus qu'à les réchauffer à sa guise à toute heure du jour.

6 portions

* * *

1 c. à soupe de beurre fondu

—

2 c. à soupe de parmesan râpé ou 4 c. à soupe de noix ou de noix de pécan grillées et moulues

—

45 g de beurre

—

4 c. à soupe de farine

—

25 cl de lait

—

100 g de gruyère ou de cheddar fort râpé

—

4 œufs (jaunes et blancs séparés)

—

30 g d'herbes fraîches hachées, au choix (ciboulette, persil, aneth, basilic)

—

Sel et poivre du moulin

* * *

Préchauffer le four à 180 °C (th. 6). Beurrer 6 ramequins individuels de beurre fondu et les saupoudrer de parmesan râpé ou de noix moulues.

—

Dans une petite casserole, faire fondre le beurre, ajouter la farine, cuire 1 min en remuant.

—

Incorporer le lait en fouettant. Porter à ébullition en remuant. Cuire 3 min.

—

Incorporer le fromage, remuer jusqu'à ce qu'il soit fondu. Laisser tiédir.

—

Ajouter les jaunes d'œufs, les herbes choisies, le sel et le poivre. Fouetter pour bien mélanger.

—

Dans un saladier, à l'aide du batteur électrique, fouetter les blancs avec une pincée de sel jusqu'à ce qu'ils soient fermes. Ajouter délicatement 1/3 des blancs au mélange précédent.

—

Verser le reste des blancs et incorporer à la spatule. Répartir également entre les ramequins. Les déposer dans un moule à cuisson et y verser de l'eau bouillante à mi-hauteur des ramequins.

—

Cuire 25 min.

Passer la lame d'un couteau tout autour de chaque soufflé et les démouler avec précaution.

—

Servir immédiatement.

—

S'ils ne sont pas servis immédiatement, déposer les soufflés sur une plaque de cuisson beurrée ou tapissée de papier sulfurisé.

—

Les soufflés peuvent ainsi être réfrigérés et réchauffés 10 min au four à 220 °C (th. 7/8).

* * *

Accompagner d'asperges rôties (p. 118) et/ou d'une salade verte.

—

Avec une salade de betteraves braisées (p. 34).

Soufflés au chèvre

* * *

Remplacer le gruyère ou cheddar par 200 g de fromage de chèvre frais (bûchette) émietté.

* * *

Saumon en croûte d'épices

Le craquant, le parfum de la croûte d'épices et le moelleux du saumon : un franc succès ! Le seul tour de main requis est de contrôler le feu pour ne pas brûler les épices.

4 portions

* * *

2 c. à soupe de graines de coriandre

—

2 c. à soupe de graines de moutarde

—

1 c. à soupe de sucre blanc (facultatif)

—

2 c. à café de sel de mer

—

1/2 c. à café de poivre concassé

—

4 pavés de saumon de 150 g

—

2 c. à soupe d'huile d'olive ou moitié huile, moitié beurre

* * *

Préchauffer le four à 230 °C (th. 7/8).

—

Moudre grossièrement les épices dans un moulin à café ou les broyer au mortier ou encore les déposer dans un sac en plastique hermétique et les écraser à l'aide d'une petite casserole à fond épais.

—

Mélanger les épices, le sucre, le sel et le poivre sur une assiette.

—

Enrober le saumon du mélange d'épices et laisser les fragrances des épices imprégner la chair du saumon pendant quelques minutes.

—

Dans une poêle antiadhésive, à feu moyen, chauffer l'huile.

—

Déposer les pavés et bien faire colorer la chair environ 1 min. Attention de ne pas brûler la croûte d'épices.

Retourner les morceaux de poisson et saisir l'autre face.

—

Envelopper la poignée de la poêle d'un papier d'aluminium et poursuivre la cuisson 5 à 8 min au four, juste assez pour que le centre du pavé reste bien rosé.

* * *

Servir immédiatement avec une purée de pommes de terre à la roquette (p. 122) et la salade de betteraves braisées (p. 34).

—

Accompagner d'une salade verte.

—

Avec une salade de pommes de terre tièdes (p. 124).

Palets de saumon à l'orientale

Y a-t-il encore de la place pour une autre recette de saumon ? Mais oui !

4 portions

* * *

600 g de saumon frais, sans la peau ni les arêtes

—

4 à 6 ciboules ciselées ou 4 c. à soupe de ciboulette hachée

—

2 c. à soupe de gingembre râpé ou 1 c. à soupe de gingembre mariné, haché finement

—

Une pincée de piment de Cayenne ou 1/4 de c. à café de sambal oelek

—

Sel et poivre du moulin

—

Huile d'olive pour la cuisson

* * *

Dans le bol du mixeur, hacher grossièrement la moitié du saumon, par pulsions, ou le faire au couteau. Ne pas réduire en purée. Réserver dans un saladier.

—

Hacher le reste du saumon de la même manière et l'ajouter à la première partie avec le reste des ingrédients.

—

Mélanger le tout délicatement.

—

Réfrigérer éventuellement quelques heures à l'avance.

—

Partager en 4 ou 8 parts et faire des boulettes légèrement aplaties.

Cuire les palets dans une poêle antiadhésive avec une cuillerée d'huile, à feu moyen-fort, 3 min de chaque côté. Ne retourner qu'une seule fois en cours de cuisson et surtout ne pas trop cuire.

* * *

Accompagner de la salade de cresson nipponne (p. 35), d'épinards ou de bok choy (p. 114).

—

Pour un hamburger, tartiner le pain de mayonnaise parfumée d'une pointe de wasabi et garnir de tranches de concombre ou de gingembre mariné.

Palets de saumon à la dijonnaise

4 portions

* * *

600 g de saumon frais, sans la peau ni les arêtes

—

4 ciboules ciselées ou 4 c. à soupe de ciboulette hachée

—

2 c. à soupe de moutarde de Meaux ou de Dijon

—

Paprika ou piment d'Espelette

—

Sel et poivre du moulin

—

1 c. à soupe d'huile d'olive ou huile et beurre à parts égales pour la cuisson

* * *

Procéder tel que décrit précédemment, en modifiant les ingrédients.

* * *

Servir

avec une salade de pommes de terre tièdes (p 124).

—

En hamburger, garnir de mayonnaise parfumée au jus et au zeste de citron et de laitue.

Prise du jour, sauce à l'orange

Un heureux mélange du parfum de l'orange, de poisson et d'un légume vert. C'est prêt en quelques minutes ! La sauce, une variante du beurre blanc, se prépare pendant que le poisson cuit.

4 portions

* * *

Sauce à l'orange

—

1 c. à soupe de zestes d'orange

—

12,5 cl de jus d'orange

—

2 c. à soupe de jus de citron ou de pernod

—

Sel et poivre du moulin

—

125 g de beurre bien froid

* * *

4 filets de poisson frais selon l'arrivage, en portions de 150 g

—

Huile d'olive

* * *

Préchauffer le four à 220 °C (th. 7/8).

—

Tapisser une plaque de cuisson de papier sulfurisé ou d'aluminium.

—

Préparer d'abord tous les ingrédients de la sauce à l'orange. Prélever le zeste et presser le jus de l'orange. Détailler le beurre en dés. Réserver au réfrigérateur.

—

Enrober le poisson d'huile, saler et poivrer.

—

Cuire au centre du four 10 min pour les poissons plus épais, 5 à 7 min pour les plus minces.

—

Pendant ce temps, préparer la sauce. Verser le jus d'orange, le jus de citron ou le pernod et les zestes d'orange dans une petite casserole.

—

Porter à ébullition et laisser réduire 1 min à feu vif. Saler et poivrer.

—

Ajouter les morceaux de beurre, petit à petit, en fouettant régulièrement.

—

En napper immédiatement le poisson.

* * *

Servir

avec des bok choy ou un légume vert de votre choix et du riz basmati (p. 128) ou une purée (p. 122-123).

Variante

La sauce à l'orange accommode parfaitement les asperges.

Crevettes sautées, émulsion de gingembre

*Le chef Fabrice Coutanceau m'a fait découvrir cette sauce qu'il sert avec du homard.
Je l'ai récupérée et l'utilise pour napper les légumes, le riz, un poisson grillé... et les crevettes.*

4 portions

* * *

Émulsion au gingembre

—

6 cl de bouillon de poule

—

1 c. à soupe de sauce soja

—

1 c. à soupe de vinaigre de Xérès ou de vinaigre de riz

—

2 c. à soupe de gingembre frais haché

—

4 c. à soupe d'huile d'olive

* * *

4 poireaux moyens parés, bien lavés

—

5 c. à soupe d'huile d'olive

—

Sel et poivre du moulin

—

650 g de grosses crevettes décortiquées

—

Piments broyés ou 1 piment oiseau émincé, selon votre goût

* * *

Préparer d'abord l'émulsion au gingembre. Dans une petite casserole, porter à ébullition le bouillon de poule, la sauce soja, le vinaigre et le gingembre.

—

Verser le mélange dans le mixeur et actionner. Verser l'huile en filet jusqu'à l'obtention d'une sauce émulsionnée. Réserver.

—

Préchauffer le four à 200 °C (th. 6/7).

—

Blanchir les poireaux à l'eau bouillante salée 2 min.

—

Arrêter la cuisson en les immergeant dans un saladier d'eau glacée. Égoutter et couper les poireaux en deux morceaux et chacun en deux dans la longueur.

—

Sur une plaque de cuisson, disposer les poireaux en une seule épaisseur. Verser 3 c. à soupe d'huile sur les poireaux, saler et poivrer.

—

Cuire au four pendant environ 15 min en les retournant deux fois durant la cuisson. Les poireaux sont prêts lorsque les extrémités sont bien dorées. Réserver au chaud.

—

Pendant ce temps, dans une grande poêle, chauffer l'huile restante à feu vif, et faire sauter les crevettes, 3 à 5 min, jusqu'à ce qu'elles changent de couleur. En fin de cuisson, saler, poivrer et ajouter les piments broyés.

* * *

Avant de servir,
placer les poireaux dans des assiettes chaudes, disposer les crevettes et napper de sauce.

Variante

Remplacer les poireaux par des bok choy ou un légume vert et servir avec du riz basmati (p. 128).

Soupe-repas asiatique au poulet

Chaud, remontant, réconfortant... et tout ça dans un seul bol.

4 portions

* * *

200 g de nouilles aux œufs chinoises ou soba (nouilles japonaises)

—

2 c. à soupe de sauce soja

—

1 c. à soupe de miel

—

2 gousses d'ail hachées

—

4 hauts de cuisses de poulet désossés ou 2 blancs de 200 g

—

1,5 l de bouillon de poule concentré ou de légumes

—

2 à 3 c. à soupe de gingembre frais râpé

—

2 c. à soupe de citronnelle* finement hachée ou le zeste fin d'un citron ou de deux citrons verts

* * *

Légumes, au choix

—

Bok choy ou chou chinois émincé

—

Champignons cremini café émincés ou shiitake dont on aura retiré le pied

—

Carottes en julienne, jeunes pousses d'épinards et ciboules émincées

—

Brocoli en petits bouquets

* * *

Préchauffer le four à 220 °C (th. 7/8).

—

Tapisser la lèchefrite d'une feuille de papier sulfurisé ou d'aluminium.

—

Dans une casserole, porter de l'eau à ébullition pour la cuisson des nouilles. Retirer du feu.

—

Dans un saladier, mélanger la sauce soja, le miel et une gousse d'ail. Y laisser mariner le poulet quelques minutes.

—

Déposer le poulet sur la lèchefrite et cuire au four environ 20 min. Rabattre le papier sur le poulet et réserver au chaud.

—

Cuire les nouilles selon les indications du fabricant. Égoutter et rincer sous l'eau froide. Réserver.

—

Dans une casserole, porter le bouillon à ébullition et y ajouter le gingembre, la citronnelle ou le zeste de citron ou de citron vert et l'autre gousse d'ail. Laisser mijoter 5 min à mi-couvert.

—

Peu de temps avant de servir, ajouter au bouillon un quart des légumes par portion et cuire quelques minutes seulement pour les garder bien croquants.

—

Émincer le poulet et le réserver au chaud.

—

Égoutter les nouilles puis les tremper 1 min dans la soupe bouillante pour les réchauffer.

* * *

Avant de servir,
partager les nouilles dans le fond de grands bols à soupe et recouvrir avec les légumes. Garnir avec des morceaux de poulet et y verser le bouillon chaud.

Accompagner
d'un assortiment de condiments tels que sauce soja, sambal oelek, coriandre fraîche.

*Pour parer la citronnelle, couper la tige à 15 cm à partir de la base. Retirer les deux ou trois premières couches extérieures pour ne conserver que le cœur. Hacher le plus finement possible au couteau ou au moulin à café. Garder le reste des tiges pour parfumer des bouillons. Se congèle bien.

Poulet au fromage et aux légumes rôtis

Le poulet cuit en même temps que les légumes : un plat simple, savoureux et réconfortant.

4 portions

* * *

Légumes rôtis

—

4 carottes pelées et coupées en 2 sur la longueur

—

4 panais pelés et coupés en 2 sur la longueur

—

4 petits poireaux bien nettoyés et coupés en 2 sur la longueur

—

8 petites pommes de terre grenailles ou rattes

—

4 c. à soupe d'huile d'olive

—

Sel et poivre du moulin

* * *

200 g de ricotta

—

100 g d'herbes, au choix (ciboulette, sauge, basilic, thym ou romarin)

—

2 c. à café de zestes de citron râpés

—

Ail haché finement

—

Sel et poivre du moulin

—

4 morceaux de poulet avec la peau (Je préfère les cuisses)

* * *

Préchauffer le four à 190 °C (th. 6/7). Tapisser de papier sulfurisé ou d'aluminium une grande plaque de cuisson ou 2 moyennes.

—

Déposer tous les légumes sur la plaque en une seule couche.

—

Verser l'huile en filet sur les légumes, saler et poivrer généreusement.

—

Avec les mains, enrober les légumes d'huile.

—

Dans un saladier, mélanger la ricotta, les herbes, les zestes de citron, l'ail, le sel et le poivre.

—

Avec les doigts, décoller la peau de la chair du poulet sans la déchirer. Insérer environ 2 c. à soupe de fromage aux herbes sous la peau de chaque morceau de poulet.

—

Déposer le poulet sur la plaque entre les légumes. Saler et poivrer particulièrement le côté sans fromage.

—

Cuire 45 min au centre du four jusqu'à ce que le poulet soit doré et bien cuit. Tourner les légumes deux fois en cours de cuisson et les retirer s'ils sont prêts avant le poulet.

* * *

Servir

tel quel ou avec la sauce au vinaigre balsamique (ci-dessous).

Note

Si vous utilisez une seule plaque de cuisson, la placer au centre du four. Si vous devez utiliser deux plaques, en placer une au centre et l'autre sur la grille du bas en alternant toutes les 15 min et en augmentant légèrement les temps de cuisson.

Sauce au vinaigre balsamique

* * *

25 cl de bouillon de poule faible en sel

—

6 c. à soupe de vinaigre balsamique

—

45 g de beurre froid en dés

* * *

Porter à ébullition le bouillon et le vinaigre et faire réduire à 180 ml.

—

Retirer du feu et ajouter le beurre au fouet.

—

Servir immédiatement.

* * *

Poulet aux herbes

* * *

Suivre la même recette sans le fromage et lier la garniture avec un peu d'huile.

* * *

Casserole de poulet à la pancetta

Un plat simple et convivial.

4 portions

* * *

650 g de hauts de cuisses de poulet désossés (8 à 12 selon la taille)

—

1 à 2 c. à café de graines de fenouil écrasées

—

1 c. à soupe d'herbes de Provence ou 3 c. à soupe de romarin haché finement ou de thym frais

—

2 gousses d'ail écrasées

—

Zestes de 2 citrons râpés

—

3 c. à soupe d'huile d'olive

—

Sel et poivre du moulin

—

1 gros oignon émincé

—

4 gousses d'ail entières

—

8 à 12 tranches de pancetta

—

4 c. à soupe de bouillon de poule

—

Jus de 1 citron

* * *

Préchauffer le four à 220 °C (th. 7/8).

—

Sur un plan de travail, ouvrir les hauts de cuisses désossés.

—

Dans un petit bol, mélanger les graines de fenouil, les herbes, l'ail, le zeste et 1 c. à soupe d'huile d'olive.

—

Répartir également sur le poulet, saler, poivrer et refermer la viande pour former de petites aumonières.

—

Verser la moitié de l'huile dans un plat allant au four.

—

Y mettre l'oignon, l'enrober d'huile. Déposer le poulet et les gousses d'ail entières sur l'oignon.

—

Placer une tranche de pancetta sur chaque aumonière.

—

Verser le bouillon de poulet et le jus de citron.

—

Cuire 40 à 45 min à découvert. Ajouter à mi-cuisson du bouillon au besoin.

* * *

Accompagner d'un tian courgettes et tomates (p. 112).

—

Avec une purée de pommes de terre parfumée (p. 122) et des tomates-cerises rôties (p. 118).

—

La peperonata (p. 120).

Escalopes de dinde piccata

*Il y a de ces classiques dont on ne se lasse pas…
surtout quand il y a du citron !*

4 portions

* * *

Sel et poivre du moulin

—

100 g de farine fluide

—

4 escalopes de dinde ou de poulet de 150 g

—

60 g de beurre froid

—

2 c. à soupe d'huile d'olive

—

12,5 cl de vin blanc ou de Noilly Prat

—

18 cl de bouillon de poule

—

2 à 3 c. à soupe de jus de citron

—

2 c. à soupe de câpres rincées

—

4 c. à soupe de persil plat haché grossièrement

* * *

Saler, poivrer et fariner les escalopes.

—

Dans une poêle antiadhésive, fondre 15 g de beurre dans l'huile à feu vif jusqu'à ce que le beurre mousse.

—

Saisir les escalopes, deux à la fois, 1 min de chaque côté pour bien les colorer en ne les retournant qu'une seule fois.

—

Réserver les escalopes au chaud sur une assiette de service.

—

Répéter l'opération avec les deux autres escalopes.

—

Jeter le gras de cuisson et déglacer la poêle avec le vin blanc en prenant soin de bien gratter avec une cuillère en bois les sucs attachés au fond.

—

Verser le bouillon et laisser réduire de moitié.

—

Ajouter le jus de citron, les câpres, le persil et le reste du beurre (facultatif) et mélanger constamment jusqu'à ce que le beurre soit incorporé à la sauce.

—

Napper les escalopes de sauce.

—

On peut préparer les escalopes à l'avance et les réchauffer dans la sauce en l'allongeant d'un peu de bouillon si nécessaire.

* * *

Servir

avec des pâtes aux herbes ou au pesto de tomates séchées.

—

Avec des haricots verts rôtis (p. 118) ou autre légume vert (p. 114).

Variante

Pour la période des fêtes, remplacer les câpres par des canneberges séchées, des cerises sèches ou des raisins secs.

Poitrine de dinde au pamplemousse

*Si la famille est nombreuse,
deux poitrines de dinde pourront mariner dans la même quantité de saumure.
Ce type de préparation permet d'obtenir une viande blanche tendre et juteuse
à condition, bien sûr, de ne pas trop la cuire.*

6 portions

* * *

Saumure

—

2 l d'eau froide

—

50 g de sel

—

3 c. à soupe de sucre

—

1 c. à café
de poivre noir concassé

—

2 gousses d'ail écrasées

* * *

1 poitrine de dinde
d'environ 1 kg ficelée
sans la peau

—

2 c. à soupe d'huile

—

5 échalotes
ou 3 petits oignons émincés

—

1 c. à soupe
de zeste râpé
et 12,5 cl de jus
de pamplemousse

—

12,5 cl de vin blanc
ou de Noilly Prat

—

35 cl de bouillon de poule
et de fond de veau en parts égales*

—

60 g de canneberges séchées
ou cerises sèches
(facultatif)

—

2 c. à soupe
de beurre froid en dés

* * *

Verser tous les ingrédients de la saumure dans un saladier et mélanger jusqu'à ce que le sel et le sucre soient dissous.

—

Déposer la poitrine de dinde dans le mélange et laisser mariner 3 h au réfrigérateur.

—

Retirer la dinde de la marinade et l'éponger avec du papier absorbant.

—

Préchauffer le four à 180 °C (th. 6).

—

Dans une grande poêle, saisir la poitrine de dinde dans l'huile et la retourner pour la colorer de toutes parts. Ajouter les échalotes ou les oignons.

—

Envelopper le manche de la poêle de papier d'aluminium. Cuire 1 h au centre du four.

—

Ajouter le zeste et le jus de pamplemousse, le vin blanc, le bouillon et les canneberges ou les cerises.

—

Poursuivre la cuisson pendant 15 min.

—

Retirer la dinde du four, la couvrir d'un papier d'aluminium et laisser reposer 15 min.

—

Pendant ce temps, faire réduire le jus de cuisson (sans le passer) 2 min à feu vif.

—

Ajouter les morceaux de beurre froid petit à petit en fouettant.

—

Trancher la dinde, la servir dans le jus de cuisson.

* * *

Servir
avec la purée de patates douces, sans les olives (p. 123), des petits pois ou des haricots verts.

*On peut n'utiliser que du bouillon de poule.

Tourte de dinde et de canard

Une recette de mon amie Michelle Gélinas.
Une tourte festive qui demande du temps mais qui a l'immense avantage de se préparer à l'avance, de pouvoir se congeler et donc qui permet de recevoir sans travailler à la dernière minute.

10 portions

* * *

120 g de lardons blanchis

—

Graisse de canard ou huile d'olive en quantité suffisante

—

750 g de dinde désossée, en dés (une demi-poitrine)

—

500 g de chair de canard en dés (un magret)

—

1 oignon haché finement

—

2 gousses d'ail hachées finement

—

2 c. à soupe de farine

—

18 cl de bouillon de bœuf

—

60 g de canneberges séchées ou de cerises sèches

—

1 c. à café de sarriette séchée

—

1 c. à café de thym séché

—

1/2 c. à café de clou de girofle moulu

—

Sel et poivre du moulin

—

1 1/2 recette de pâte brisée (p.179) ou 1 kg de pâte brisée

—

Gros sel (facultatif)

* * *

Dorure

—

1 jaune d'œuf avec 1 c. à soupe d'eau froide

* * *

Préchauffer le four à 200 °C (th. 6/7).

—

Dans une grande poêle, colorer les lardons dans 2 c. à soupe de graisse de canard 5 min. Les égoutter sur du papier absorbant. Réserver dans un saladier.

—

Réserver 4 c. à soupe du gras de cuisson dans la poêle.

* * *

Dans la même poêle, cuire la dinde et le canard jusqu'à ce que la viande soit bien colorée et cuite.

—

Dans une passoire, égoutter la viande et la réserver avec les lardons.

—

Dans la même poêle, fondre 2 c. à soupe de graisse de canard, y faire suer l'oignon et l'ail à feu moyen.

—

Ajouter la farine, cuire en remuant 2 min à feu doux.

—

Ajouter le bouillon en remuant, faire mijoter doucement 5 min.

—

Verser la sauce sur les viandes, ajouter les raisins secs, les herbes et le clou de girofle, saler et poivrer. Mélanger et laisser tiédir.

Sur un plan de travail fariné, abaisser la moitié de la pâte, foncer une tourtière profonde de 25 cm beurrée. Verser la garniture. Mouiller le pourtour de la pâte.

—

Abaisser le reste de la pâte, couvrir la tourte en pressant bien les deux pâtes l'une sur l'autre. Festonner le tour de la tourte.

—

Dorer le dessous de la tourte au pinceau, saupoudrer de gros sel.

—

Cuire au four 60 min.

* * *

Servir
accompagnée d'une salade de betteraves braisées (p. 34), d'une salade verte et de la sauce aux canneberges (p. 170).

Conservation
Pour congeler la tourte : avant de cuire, envelopper soigneusement la tourte de film alimentaire puis de papier d'aluminium. Se conserve au congélateur jusqu'à 3 mois.
Le moment venu, décongeler la tourte au réfrigérateur pendant 36 heures. Dorer avec le jaune d'œuf puis cuire au four comme indiqué.

Confit de canard

(Idées pour le servir)

Le confit déjà préparé se conserve longtemps et s'apprête de multiples façons.
Un dépanneur fort élégant!

4 portions

* * *

4 morceaux de confit de canard

* * *

Préchauffer le four à 180 °C (th. 6).

—

Dans un plat, déposer les morceaux de confit. Recouvrir de papier d'aluminium et les réchauffer environ 20 min.

—

Au moment de servir, mettre sous le gril 3 à 4 min pour obtenir une peau croustillante.

* * *

Idées pour servir le confit

* * *

Avec des légumes rôtis au choix (p. 117-118).

—

Accompagner d'une salade verte aux raisins frais.

—

Avec la salade de betteraves braisées (p. 34).

—

Désosser les confits et les servir dans un plat à cuisson, en Parmentier, c'est-à-dire avec oignons caramélisés intercalés entre deux couches d'une purée de pommes de terre (p. 122) ou d'une purée de céleri-rave (p. 123) et accompagner d'une salade verte.

—

Avec la potée de lentilles (p. 126).

—

Avec la salade de cresson nipponne (p. 35) et des champignons sautés.

* * *

Sandwich aux légumes, au confit et à la sauce hoisin

* * *

Pitas séparées en 2 ou tortillas

—

Sauce hoisin

—

Carottes en fine julienne

—

Ciboules en fine julienne

—

Concombre en fine julienne

—

Germes de soja très frais

—

Confit de canard désossé, émietté

* * *

Emballer les tortillas ou les pitas dans une feuille de papier d'aluminium. Les réchauffer 5 min à la fin de la cuisson des confits.

—

Au centre d'une tortilla chaude, tartiner une large bande de sauce hoisin. Sur cette bande, déposer des légumes et le confit.

—

Replier la tortilla sur la garniture.

* * *

Filet de porc à l'asiatique

Les filets cuisent en même temps que les légumes d'accompagnement, ce qui en fait un plat unique et rapide pour recevoir simplement.

4 portions

* * *

Marinade

—

2 à 3 c. à soupe de sauce soja

—

2 c. à soupe d'huile d'arachide ou végétale

—

2 c. à soupe de jus de citron vert

—

2 c. à soupe de miel ou de sirop d'érable

—

1 gousse d'ail émincée

—

1/4 c. à café de piment en poudre ou de sambal oelek

* * *

1 gros filet de porc de 600 g ou 2 filets de 300 g

—

500 g de haricots verts ou d'asperges

—

225 g de champignons cremini café

—

225 g de pleurotes en gros morceaux

—

4 gousses d'ail écrasées

—

4 c. à soupe d'huile d'olive

—

Sel et poivre du moulin

—

25 cl de bouillon de poule

—

100 g de persil plat, de ciboulette ou de tomates en dés

* * *

Dans un récipient hermétique, verser tous les ingrédients de la marinade, bien mélanger. Ajouter le ou les filets de porc, bien les enrober de marinade, refermer.

—

Laisser mariner au réfrigérateur 30 min ou plus.

—

Préchauffer le four à 200 °C (th. 6/7).

—

Retirer les filets de la marinade et la réserver.

—

Dans une grande poêle, saisir la viande de toutes parts à feu vif environ 4 min. Réserver au chaud.

—

Sur une lèchefrite huilée, disposer les haricots, les champignons et l'ail, en évitant d'empiler les légumes.

—

Arroser d'huile d'olive, assaisonner. Remuer pour bien enrober les légumes.

—

Déposer le ou les filets de porc sur les légumes.

—

Cuire à découvert 15 à 20 min. Laisser reposer à température ambiante 10 min à couvert.

—

Pendant ce temps, verser la marinade et le bouillon de poule dans une petite casserole et porter à ébullition. Laisser mijoter 5 min.

* * *

Servir

garni de persil, de ciboulette ou de dés de tomates et accompagné de sauce.

Variante

Pour les inconditionnels des féculents, ajouter aux légumes 8 petites pommes de terre coupées en 2 et précuites à l'eau bouillante salée.

Saucisses italiennes aux raisins

J'aime la spontanéité !
La cuisson au gaz naturel me convient pour sa réaction vive. La flamme fusionne les arômes, saisit les aliments, caramélise sur commande… bonifie mes aliments.

4 portions

* * *

600 g de saucisses italiennes (chipolatas)

—

2 c. à soupe d'huile d'olive

—

200 g de raisins rouges sans pépin bien sucrés ou, en saison, des raisins de muscat épépinés

—

Sel et poivre du moulin

—

Huile d'olive (facultatif)

* * *

Piquer les saucisses à plusieurs reprises avec une fourchette. Les déposer dans une casserole remplie d'eau chaude, porter à ébullition et les blanchir 5 min.

—

Retirer les saucisses de l'eau et les éponger.

—

Couper les saucisses en deux ou trois tronçons.

—

Dans une grande poêle, chauffer l'huile et y faire dorer les saucisses 5 à 8 min en les retournant durant la cuisson.

—

Réserver 2 c. à soupe du gras de cuisson dans la poêle ou retirer le gras de cuisson, et remplacer par 2 cuillerées d'huile d'olive.

Ajouter les raisins.

—

Cuire 5 à 10 min, à feu moyen, à mi-couvert, en remuant régulièrement.

* * *

Servir

avec de la polenta (p. 129), des haricots verts, des rapinis ou une purée de pommes de terre parfumée (p. 122).

Note

Si les raisins rendent trop de jus, les retirer, ainsi que les saucisses, à l'aide d'une écumoire. Faire réduire le jus à feu vif jusqu'à consistance sirupeuse. Remettre les raisins et les saucisses dans la sauce.

Saucisses aux figues

Délicieux mariage de saucisse et de fruit de la chef Franca Mezza pour célébrer la trop courte saison des figues.

4 portions

* * *

4 saucisses italiennes (chipolatas) douces ou fortes ou des chorizos

—

Huile d'olive

—

8 figues fraîches ou séchées

—

Herbes fraîches (thym, basilic ou sauge)

* * *

Dans une poêle, faire dorer les saucisses dans l'huile.

—

Pratiquer quatre incisions dans les saucisses.

—

Poursuivre la cuisson jusqu'à ce qu'elles soient cuites.

—

Réduire la chaleur, disposer les figues parmi les saucisses avec l'herbe choisie.

Cuire juste pour chauffer les figues en agitant la poêle.

—

Couper les saucisses en tronçons. Déposer tel quel sur un plat de service chaud avec les herbes entremêlées.

* * *

Champvallon

(Oignons, cubes de viande, pommes de terre)

Notre visite chez le chef Martin Picard nous a fait redécouvrir le Champvallon, un classique français. Un plat unique et convivial. Idéal pour recevoir.

6 à 8 portions

* * *

1,2 kg d'épaule d'agneau, de porc ou de gibier en cubes

—

Huile ou beurre

—

Sel et poivre du moulin

—

Bouillon de poule

—

6 gros oignons émincés

—

6 pommes de terre pelées, émincées en fines rondelles

—

3 c. à soupe d'ail haché

—

Thym frais
ou 2 c. à café séché

—

Beurre
(facultatif)

* * *

Dans une grande poêle, saisir la viande dans le beurre pour bien la colorer. Saler et poivrer en cuisant et réserver.

—

Retirer le gras de cuisson et déglacer la poêle avec 25 cl de bouillon en grattant les sucs attachés au fond. Réserver avec la viande.

—

Dans la même poêle, faire fondre du beurre, y caraméliser doucement les oignons 15 à 20 min en remuant souvent, jusqu'à ce qu'ils soient bien dorés.

—

Réserver aussi séparément.

—

Préchauffer le four à 200 °C (th. 6/7).

—

Dans un grand plat à cuisson, disposer un rang de pommes de terre en rosace. Saler. Répartir la moitié des oignons sur les pommes de terre. Ajouter l'ail et le thym.

—

Étaler toute la viande et son jus, l'assaisonner d'ail et de thym. Bien couvrir du reste des oignons, répéter l'assaisonnement.

—

Couvrir enfin d'un autre rang de pommes de terre en rosace. Saler.

—

Mouiller avec suffisamment de bouillon en pressant le Champvallon pour bien le couvrir. Mettre éventuellement quelques noisettes de beurre.

Couvrir de papier d'aluminium. Déposer le plat sur une plaque de cuisson avant de le mettre au four.

—

Après 30 min, réduire la chaleur à 160 °C (th. 5/6).

—

Cuire à couvert environ 2 h ou jusqu'à ce que la viande soit tendre.

—

Découvrir pour les dernières 30 min de cuisson.

—

Terminer la cuisson à 230 °C (th. 7/8) pour bien dorer si nécessaire.

* * *

Servir,
comme le fait le chef Martin Picard, accompagné de moutarde et de gros sel de mer.

—

Avec une salade de saison et une vinaigrette moutardée.

Agneau braisé en papillote

Il y a quelque chose de ludique dans le fait d'emballer une pièce de viande avec quelques branches d'herbes et de la servir cinq heures plus tard, juteuse et savoureuse... merci à mes amis Roger et Françoise. La première fois que j'ai goûté cette recette, on l'avait réalisée avec un gigot. Je l'ai reprise ici avec une épaule d'agneau. C'est tout aussi bon et plus économique.

4 portions

* * *

Huile d'olive

—

2 c. à café de sel

—

Poivre du moulin

—

1 épaule d'agneau de 1 kg ou 1 gigot raccourci de 2 kg

—

4 grosses branches de romarin

—

8 gousses d'ail en chemise

* * *

Préchauffer le four à 120 °C (th.4).

—

Déposer 2 à 3 feuilles de papier parchemin ou d'aluminium de 60 cm de longueur en croix dans une lèchefrite.

—

Huiler, saler et poivrer l'agneau.

—

Déposer sur le papier la moitié du romarin et les gousses d'ail et, par-dessus, la viande.

—

Ajouter le reste du romarin.

—

Bien emballer hermétiquement la pièce de viande en formant une papillote. Ajouter une troisième feuille, au besoin, car il est important de bien sceller pour que le jus ne s'échappe pas.

—

Cuire au four 5 h.

—

Ouvrir la papillote et en retirer le jus.

—

Découper la viande à la cuillère de service sans essayer de la trancher et la servir avec le jus de cuisson et une gousse d'ail par personne que l'on écrase dans le jus.

* * *

Servir

avec une potée de lentilles (p. 126).

—

Avec des haricots verts blanchis et réchauffés dans un peu d'huile d'olive.

—

Avec une purée de pommes de terre aux petits pois ou au citron (p. 122) ou une purée de patates douces (p. 123).

Hachis d'agneau

* * *

Pourquoi ne pas profiter de l'occasion et faire cuire deux pièces de viande ? On pourra avec les restes préparer un délicieux hachis

* * *

Dans une poêle, faire blondir un oignon émincé dans un peu de beurre ou d'huile d'olive.

—

Mettre les oignons dans un plat allant au four généreusement beurré et couvrir d'agneau coupé en morceaux.

—

Écraser les gousses d'ail dans le jus de cuisson et verser sur la viande.

—

Assaisonner.

—

Couvrir d'une purée de pommes de terre parfumée au citron ou aux petits pois (p. 122), d'une purée de patates douces aux olives (p. 123) ou d'une purée de céleri-rave (p. 123).

—

Cuire au four à 180 °C (th. 6) 30 min.

* * *

Accompagner

de ketchup, de chutney ou d'une salade.

Braisé de bœuf à l'anis étoilé

*Le plaisir d'un plat braisé, une préparation simple parfumée à l'anis étoilé.
Si vous mettez la main sur des bouts de côtes,
essayez cette version, l'os ajoutant une saveur particulière.*

5 à 6 portions

* * *

Sel et poivre du moulin

—

1,6 kg de macreuse
ou de plat de côte

—

3 c. à soupe
d'huile végétale

—

3 oignons jaunes en quartiers
ou 2 bottes de ciboule émincées

—

6 carottes
en gros tronçons

—

4 gousses d'ail écrasées

—

75 cl de bouillon de bœuf

—

8 cl de sauce soja

—

2 c. à soupe
de sauce tomate

—

1 à 2 c. à soupe de cassonade

—

1 morceau de 5 cm
de gingembre tranché

—

4 anis étoilés ou badianes

* * *

Préchauffer le four à 160 °C (th. 5/6).

—

Saler et poivrer généreusement la viande.

—

Dans une cocotte, faire revenir la viande, de toutes parts, à feu moyen-vif, dans 2 c. à soupe d'huile, jusqu'à ce qu'elle soit bien colorée. Réserver.

—

Retirer le gras de cuisson, faire colorer les oignons et les carottes à feu moyen pendant environ 5 min dans le reste de l'huile.

—

Ajouter l'ail et poursuivre la cuisson 1 min.

—

Déposer la viande sur les légumes. Ajouter le bouillon, la sauce soja, la sauce tomate, la cassonade, le gingembre et l'anis étoilé.

—

Porter à ébullition et cuire au four à couvert pendant au moins 3 h jusqu'à ce que la viande se détache des os.

—

Après 1 h de cuisson, retourner les morceaux de viande et s'assurer que le niveau du liquide couvre au moins la moitié de la viande. Vérifier de nouveau le niveau de l'eau 1 h plus tard.

—

Lorsqu'elle est cuite, retirer la viande de la sauce et réserver au chaud.

—

Dégraisser la sauce et la filtrer dans un chinois en pressant bien sur les légumes pour en extraire le plus de jus possible.

—

Remettre la viande dans la sauce dégraissée. Découper la viande à la cuillère de service sans essayer de la trancher.

* * *

Servir

accompagné d'une purée de pommes de terre, au choix (p. 122).

—

Avec des bok choy (p. 114).

—

Ou un légume vert (p. 114).

Osso buco au fenouil avec gremolata

... et puis c'est tellement bon réchauffé !

6 portions

* * *

Sel et poivre du moulin

—

6 tronçons de 4 cm de jarrets de veau (1,5 kg)

—

Farine (facultatif)

—

Huile d'olive

—

2 bulbes de fenouil parés (p. 173), en quartiers

—

25 cl de jus d'orange

—

2 longs rubans de zeste d'orange

—

25 cl de bouillon de poule ou de fond de veau

—

1 boîte de 400 g de tomates en morceaux

—

1 feuille de laurier

—

1 c. à café de graines de fenouil écrasées

* * *

Préchauffer le four à 190 °C (th. 6/7).

—

Saler, poivrer les morceaux de viande et les fariner.

—

Dans une casserole, chauffer l'huile à feu moyen-vif.

—

Faire revenir la viande environ 2 min de chaque côté. Réserver la viande.

—

Faire revenir les fenouils dans un peu d'huile pour les colorer légèrement. Les réserver.

—

Réduire la chaleur, déglacer avec le jus d'orange en grattant bien les sucs attachés au fond de la casserole.

—

Placer dans un plat allant au four le jus, la viande et ajouter les zestes, le bouillon, les tomates, le laurier, les graines de fenouil, saler et poivrer, au goût.

—

Cuire au four pendant 45 min, à couvert.

—

Retourner les jarrets, ajouter le fenouil et couvrir.

—

Poursuivre la cuisson 45 min jusqu'à ce que la viande soit tendre et se détache facilement de l'os.

* * *

Servir

accompagné de pâtes au beurre ou à l'huile. Enrober de gremolata (ci-dessous).

—

Avec une purée de pommes de terre au safran ou autre (p. 122).

—

Ou de polenta (p. 129).

Variante

On peut ajouter des carottes au même moment que le fenouil.

Gremolata

* * *

Persil plat haché finement

—

Zeste fin de citron, d'orange ou les deux

—

Ail (facultatif)

* * *

Préparer la gremolata en mélangeant tous les ingrédients et en saupoudrer chaque portion.

—

À saupoudrer en garniture sur les purées, les pâtes, le riz ou les légumes braisés. Se prépare à l'avance et se conserve au réfrigérateur quelques heures.

* * *

— Les pâtes, pizzas — et sandwichs grillés

* * *

Sauce tomate

Il en faut une! Voici une recette de base que vous pourrez apprêter «à toutes les sauces».
Je vous suggère ici deux façons de la servir : accompagnée d'un coulis au parmesan, l'autre parfumée à la menthe.
Laissez libre cours à votre inspiration.

Quantité suffisante pour 500 g de pâtes

* * *

3 c. à soupe d'huile d'olive ou de beurre

—

1 à 2 gousses d'ail dégermées, hachées

—

1 boîte de 800 g de tomates roma en dés ou hachées au robot

—

Sel

—

Sucre (facultatif)

—

8 c. à soupe de basilic frais haché

—

4 c. à soupe de persil plat haché

* * *

Dans une casserole, chauffer l'huile ou le beurre.

—

Faire revenir l'ail à feu doux sans le laisser prendre couleur.

—

Ajouter les tomates, le sel, le sucre (facultatif), la moitié du basilic et le persil.

—

Vérifier l'assaisonnement.

—

Laisser mijoter à mi-couvert 20 min.

—

Ajouter le reste du basilic en fin de cuisson.

* * *

Servir
avec du parmesan râpé.

—

Avec la sauce au parmesan en coulis (ci-dessous).

Conservation
Garder des contenants de sauce tomate au congélateur. Prévoir au moment de réchauffer quelques minutes supplémentaires pour permettre l'évaporation de l'eau de congélation.

Sauce tomate à la menthe

* * *

Faire la sauce au beurre plutôt qu'à l'huile d'olive. Remplacer le basilic par 4 c. à soupe de menthe fraîche hachée, ajoutée 5 min avant la fin de la cuisson.

* * *

Sauce au parmesan

16 cl

* * *

12,5 cl de bouillon de poule faible en sel

—

12,5 cl de crème fraîche

—

50 g de parmesan râpé

* * *

Dans une casserole, à feu vif, réduire le bouillon de moitié.

—

Ajouter la crème fraîche et réduire du tiers, environ 3 min.

—

Ajouter le fromage et fouetter jusqu'à l'obtention d'une consistance homogène.

* * *

Servir
en coulis avec la sauce tomate. Cette combinaison de sauces accompagne merveilleusement les pâtes farcies.

pasta pepe e cacio

(Pâtes au poivre et au fromage)

Une pasta romaine tout à fait étonnante par sa simplicité.
Elle a déjà gagné ses «feuilles de laurier»!

4 portions

* * *

500 g de spaghettis

—

30 à 60 g
de beurre
ou 2 à 4 c. à soupe d'huile d'olive
ou les deux en parts égales

—

2 c. à café
de poivre moulu grossièrement

—

130 g de parmesan râpé

—

Zeste râpé
et jus de citron
(facultatif)

* * *

Dans une une grande casserole ou un faitout, cuire les pâtes dans de l'eau bouillante salée en suivant les indications du fabricant.

—

Pendant la cuisson des pâtes, déposer le beurre ou le mélange de beurre et d'huile avec le poivre dans un plat de service chaud. On peut poser le plat sur la casserole de cuisson des pâtes pour le maintenir au chaud.

—

Égoutter sommairement les pâtes, réserver 25 cl de leur eau de cuisson.

—

Verser les pâtes dans le plat chaud, mélanger pour bien les enrober du beurre poivré.

—

Ajouter peu à peu 100 g de parmesan en remuant et en ajoutant au besoin un peu d'eau de cuisson des pâtes.

—

Terminer avec le reste du fromage et, le zeste râpé et le jus de citron.

* * *

Pasta à la caponata

(À l'aubergine)

La caponata se sert tiède ou froide et s'accommode à l'infini.

4 portions

* * *

1 ou 2 aubergines moyennes (500 à 750 g) avec la peau, en cubes

—

2 branches de céleri en dés

—

1 gros oignon haché grossièrement

—

2 poivrons rouges en dés

—

Huile d'olive

—

4 c. à soupe de vinaigre de vin

—

1 c. à soupe de sucre

—

6 tomates roma épépinées, non pelées

—

60 à 80 g d'olives vertes ou noires dénoyautées, hachées

—

Sel et poivre du moulin

—

1/4 c. à café de piment en poudre ou de sambal oelek

—

Câpres (facultatif)

—

Pennes ou autres pâtes courtes cuites, égouttées, non rincées

* * *

Préchauffer le four à 200 °C (th. 6/7).

—

Tapisser une grande plaque de cuisson ou 2 moyennes de papier sulfurisé ou d'aluminium.

—

Mélanger les aubergines, le céleri, l'oignon et le poivron. Bien les enrober d'huile.

—

Ajouter le vinaigre, le sucre, les tomates et les olives. Bien mélanger.

—

Saler, poivrer, ajouter le piment ou le sambal oelek.

—

Étaler les légumes sur une ou deux plaques. Cuire environ 50 min en les remuant deux fois en cours de cuisson. Si on utilise une seule plaque de cuisson, la placer au centre du four. Si on utilise deux plaques, en placer une au centre et l'autre sur la grille du bas en faisant l'alternance à chaque 15 min et en augmentant légèrement les temps de cuisson, s'il y a lieu.

—

Quand les légumes sont grillés, les retirer du four.

—

Retirer la peau des tomates.

—

Transvaser les légumes dans un saladier.

—

Ajouter les câpres.

* * *

Servir

sur les pâtes avec un filet d'huile.

—

En accompagnement d'un poulet ou d'un poisson grillé.

Note

Préparer la caponata à l'avance permet à la saveur des ingrédients de bien se mélanger.

Variantes

Pour un repas léger, la servir avec des œufs pochés ou en garnir une omelette avant de la replier.

—

En entrée : servir sur du pain grillé ou avec du thon.

Pâtes à la saucisse et aux épinards

Une pasta rustique, goûteuse et satisfaisante.

4 portions

* * *

Huile d'olive

—

1 gros oignon émincé

—

500 g de chipolatas sans peau émiettées

—

Environ 37,5 cl de bouillon de poule

—

500 g de pennes, d'orecchiettes ou de fusillis

—

400 g de jeunes pousses d'épinards ou d'épinards*

—

Sel et poivre du moulin

—

4 c. à soupe ou plus de parmesan râpé

* * *

Dans une grande poêle, chauffer doucement l'huile. Ajouter l'oignon et le colorer légèrement en remuant.

—

Ajouter la chair des saucisses et cuire en l'émiettant.

—

Verser 25 cl de bouillon et laisser réduire quelques minutes pour bien marier les saveurs.

—

Dans une grande casserole d'eau bouillante salée, cuire les pâtes en suivant les indications du fabricant.

—

Égoutter les pâtes sans les rincer. Les ajouter à la sauce ainsi que les jeunes pousses d'épinards. Saler, poivrer et bien mélanger. Réchauffer avec le reste du bouillon en agitant la casserole.

—

Ajouter le fromage en remuant.

* * *

Variante

On pourra remplacer les épinards par des rapinis parés, blanchis, essorés et coupés grossièrement.

*Si on utilise des feuilles d'épinards, les laver et en retirer les grosses côtes. Les hacher grossièrement et les déposer dans une grande passoire. Verser l'eau de cuisson des pâtes sur les épinards tout en les égouttant.

Pâte à pizza

Une recette de mon amie Elena Faita que Stephano, son fils, a reprise à notre émission avec brio !

4 pizzas de 41 cm de diamètre ou 2 pizzas de 38 X 50 cm

* * *

50 g de levure de boulanger ou 2 c. à soupe de levure sèche

—

1 c. à soupe de sucre

—

62,5 cl d'eau chaude (38 °C)

—

400 g de farine « OO »* ou de farine type 55

—

300 g de semoule de blé fine

—

1 c. à soupe de sel

* * *

*Elena et Stephano préfèrent cette farine à haute teneur en gluten qui est plus fine, mais cette recette réussit tout aussi bien avec la farine tout usage. La farine 00 se trouve dans les épiceries italiennes ou spécialisées.

Dans un bol, mélanger la levure sèche, le sucre et l'eau chaude. Remuer pour bien dissoudre.

—

Dans un grand saladier, tamiser ensemble la farine, la semoule et le sel.

—

Verser le mélange de levure sur les ingrédients secs.

—

Pétrir, jusqu'à ce que la pâte devienne élastique, 5 à 8 min. Ajouter de la farine au besoin.

—

Partager la pâte en deux et placer dans deux saladiers séparés.

—

Couvrir la pâte d'un torchon propre, laisser lever au chaud environ 45 min ou jusqu'à ce qu'elle ait doublé de volume. Un endroit chaud propice à faire lever la pâte : un four éteint avec la lumière allumée.

—

Dégonfler la pâte, la pétrir de nouveau quelques minutes.

—

Remettre la pâte dans les saladiers, couvrir et laisser lever encore 45 min ou jusqu'à ce qu'elle ait doublé de volume.

—

Abaisser la pâte et l'étendre sur une plaque généreusement huilée. Laisser lever 5 à 10 min.

—

Préchauffer le four à 220 °C (th. 7/8).

Couvrir d'une sauce tomate comme la sauce tomate rapide (p. 104), les ingrédients de garniture et le fromage choisis et cuire au four 15 à 20 min jusqu'à ce que le dessous de la pâte soit doré et le fromage gratiné.

* * *

Focaccia

(Pizza blanche)

On la mange en amuse-bouche à l'apéro, en accompagnement ou en sandwich.

* * *

Diviser la pâte à pizza en quatre et abaisser chaque part à l'aide d'un rouleau à pâtisserie en une forme inégale (ronde, ovale, carré...) de 25 x 25 cm.

—

Déposer la pâte sur une plaque de cuisson. Piquer à l'aide d'une fourchette à plusieurs reprises, couvrir d'un torchon humide et laisser gonfler environ 1 h jusqu'à ce que la pâte ait doublé de volume.

—

Préchauffer le four à 220 °C (th. 7/8).

—

Badigeonner généreusement la pâte d'huile d'olive.

—

Parsemer de gros sel ou de fleur de sel et de romarin haché.

—

Cuire au four 20 à 30 min jusqu'à ce que la pâte soit dorée.

* * *

Pizza à l'œuf

L'idée était de vous présenter une pizza à base de tomates et de fromage. Cette sauce tomate crue de Gilbert Sicotte est parfaite pour la pizza. Ne cherchez plus, vous l'avez trouvée. Et pour la garniture, amusez-vous ! Celle-ci est à l'œuf…

4 portions

* * *

Pizza

—

500 g de pâte à pizza du commerce ou voir recette p. 103

* * *

Sauce tomate rapide

—

1 boîte de 400 g de tomates roma hachées grossièrement, égouttées

—

2 c. à soupe d'huile d'olive

—

Sel et poivre du moulin

—

Basilic frais haché et/ou origan séché

—

1 gousse d'ail hachée

—

2 c. à soupe de parmesan

* * *

Garniture

—

200 g de mozzarella

—

3 c. à soupe d'huile d'olive

—

4 œufs

—

Sel et poivre du moulin

* * *

Pour la pâte à pizza congelée, la huiler et la placer dans un saladier. Couvrir d'un linge humide et laisser décongeler au réfrigérateur une nuit ou à température ambiante 6 h.

* * *

Préchauffer le four à 220 °C (th. 7/8).

—

Partager la pâte en 4 parts égales.

—

Abaisser chacune pour former un disque d'environ 20 cm de diamètre.

—

Dans un saladier, mélanger les ingrédients de la sauce.

—

Étaler la sauce sur la pâte et y répartir le fromage. Verser un filet d'huile en zigzag. Déposer les pizzas sur une plaque de cuisson. Cuire 5 min dans le bas du four.

—

Retirer du four et écarter la garniture du centre de chaque pizza pour y creuser une cavité. Casser un œuf dans chacune. Saler et poivrer.

—

Remettre au four et poursuivre la cuisson pendant environ 10 min ou jusqu'à ce que les pizzas soient bien dorées et que le jaune d'œuf soit encore coulant.

* * *

Servir

avec une salade de jeunes pousses d'épinards ou de roquette que l'on déposera sur la pizza à la sortie du four.

—

Avec un filet d'huile pimentée (p. 176).

—

Avec une chiffonade de basilic frais.

Pissaladière

(Pizza à l'oignon)

L'oignon, ce légume si accessible et tellement savoureux quand on le laisse confire doucement. Pizza à l'oignon pour un repas rapide ou à l'heure de l'apéritif.

6 à 8 portions

* * *

1 kg d'oignons ou
3 gros oignons émincés

—

Huile d'olive, au besoin

—

2 grosses gousses d'ail émincées

—

Thym frais ou séché

—

Sel et poivre du moulin

—

4 tomates roma pelées, épépinées, hachées

—

500 g de pâte à pain ou à pizza congelée du commerce ou voir recette p. 103

* * *

Garnitures, au choix

—

Filets d'anchois épongés, coupés en 2 sur la longueur

—

Lanières de poivrons rouges en conserve dans l'eau, épongées

—

Lanières de poivrons grillés, pelés (p. 179)

—

Olives noires dénoyautées, en 2

* * *

Dans une grande poêle, fondre les oignons dans l'huile à feu doux jusqu'à ce qu'ils commencent à rendre leur eau, environ 15 min.
Les cuire 5 min à couvert.

—

Ajouter l'ail, le thym, le sel et le poivre, mélanger. Ajouter les tomates.

—

Poursuivre la cuisson encore 20 min, à découvert, en remuant la poêle de temps en temps. Le fond de la poêle devra être presque sec.

—

Réserver. Faire cette étape à l'avance.

* * *

Préchauffer le four à 230 °C (th. 7/8). Placer la grille dans le bas du four.

—

Sur une plaque de cuisson huilée, étendre la pâte avec les mains pour former une surface de 25 x 38 cm. Couvrir la pâte d'un papier sulfurisé.

—

Laisser gonfler 15 min.

—

Badigeonner d'huile à l'aide d'un pinceau le pourtour de la pâte.

—

Étaler la préparation d'oignons en laissant une bordure de 1,5 cm tout autour.

—

Disposer les anchois ou les lamelles de poivrons en losanges. Garnir d'olives noires. Badigeonner d'huile d'olive.

—

Cuire 25 à 30 min jusqu'à ce que la pâte soit dorée et croustillante.

* * *

Servir

en entrée ou à l'apéro avec des crudités et un verre de rosé.

—

En plat principal avec une salade.

Grilled cheese

*Irrésistible à toute heure du jour, impossible à rater,
on le veut craquant à l'extérieur et moelleux à l'intérieur.*

Le pain

* * *

Amusez-vous à varier les pains : multigrains, campagne, carvi, olives noires, noix…

* * *

Garnitures, au choix

* * *

_ Fromages italiens (provolone, mozzarella, fontina ou taleggio) et champignons sautés.
_ Fromages italiens ou chèvre avec des juliennes ou pesto de tomates séchées à l'huile ou des olives hachées.
_ Bleu coupé d'un fromage plus doux avec des poires émincées et du pain aux noix.
_ Cheddar, piments forts en marinade, pain au carvi.
_ Cheddar, tomates émincées, épongées, feuilles de cresson ou de roquette.
_ Fromage suisse, moutarde de Dijon, bacon cuit ou jambon cuit, tomates émincées et épongées, pain de campagne.
_ Un reste de fromage avec du pain aux noix.

* * *

* * *

Beurrer les pains ou les badigeonner d'huile sur une face. Garnir les faces non beurrées de la garniture choisie, poser l'autre tranche beurrée ou huilée sur le sandwich.

—

Griller dans une poêle en fonte, antiadhésive ou striée jusqu'à ce que le pain soit doré et le fromage fondant. Pour faire un poids, poser une petite poêle en fonte sur le sandwich.

* * *

— Les accompagnements —

* * *

Tian courgettes et tomates

Un plat coloré au goût ensoleillé qui se prépare à l'avance et toute l'année.
Magnifique, à servir directement à table.

6 à 8 portions

* * *

3 ou 4 petits oignons en rondelles de 1 cm

—

2 gousses d'ail hachées

—

2 c. à café d'herbes de Provence

—

Sel

—

6 c. à soupe d'huile d'olive

—

2 courgettes jaunes en tranches de 1 cm

—

2 courgettes vertes en tranches de 1 cm

—

4 ou 5 tomates italiennes en tranches de 1 cm

—

Parmesan râpé (facultatif)

* * *

Préchauffer le four à 200 °C (th. 6/7).

—

Dans le fond d'un plat à cuisson, répartir les oignons, 1 gousse d'ail, la moitié des herbes de Provence, saler et arroser de la moitié de l'huile d'olive.

—

Superposer légèrement les légumes tranchés en alternant les couleurs. Saler, répartir également l'autre gousse d'ail, le reste des herbes et l'huile.

—

Cuire 45 min au four ou jusqu'à ce que les légumes soient cuits.

—

Saupoudrer de parmesan et poursuivre la cuisson encore 5 à 10 min.

* * *

Pour un repas végétarien, accompagner de polenta (p. 129).

—

Comme entrée, mettre sur la table un morceau de parmesan, une fiole d'huile d'olive, un bon pain et du vin.

Légumes verts

Les incontournables !

Bok choy braisés

4 portions

* * *

500 g de petits bok choy lavés dans une grande quantité d'eau

—

30 g de beurre ou 2 c. à soupe d'huile

—

Ciboules

—

Sel

—

12,5 cl de bouillon ou d'eau

* * *

Si les bok choy sont un peu gros, les couper en deux ou en quartiers sur la longueur.

—

Dans une grande poêle, chauffer le beurre ou l'huile, ajouter les bok choy et les ciboules et saler.

—

Cuire à feu vif jusqu'à ce que les bok choy prennent couleur. Mouiller avec le bouillon ou l'eau, couvrir et cuire les légumes *al dente*.

* * *

Bok choy vapeur

* * *

Si les bok choy sont un peu gros, les couper sur la longueur, cuire quelques minutes à la vapeur et les arroser d'une vinaigrette.

—

Ou réchauffer les bok choy dans l'huile avec des ciboules émincées et un filet de sauce soja.

—

Les bok choy peuvent être aromatisés d'une cuillerée de sauce aux huîtres.

—

On pourra aussi les réchauffer dans le jus de cuisson de la viande.

* * *

Épinards

4 portions

* * *

2 c. à soupe d'huile d'olive

—

1 gousse d'ail coupée en 2 (facultatif)

—

600 g d'épinards frais, parés, lavés, égouttés

—

Sel

—

Quartiers de citron ou muscade râpée

* * *

Dans une grande casserole, chauffer l'huile à feu moyen. Si vous utilisez l'ail, le dorer légèrement. Ajouter les épinards et les cuire en trois temps en tournant ou en brassant jusqu'à ce que les feuilles s'affaissent. Saler.

—

Servir accompagné d'un quartier de citron ou de muscade râpée.

* * *

Brocolis

4 portions

* * *

750 g de brocoli

* * *

Assaisonnements

—

Huile d'olive

—

1 quartier de citron
ou huile au citron (p. 176)

—

Sel et poivre

* * *

Découper les brocolis en bouquets. Peler la tige et la trancher sur la longueur.

—

Dans une casserole d'eau bouillante salée, cuire les brocolis ou les cuire à la vapeur.

—

Égoutter les brocolis encore croquants et ajouter un filet d'huile d'olive et un quartier de citron. Saler, poivrer. Ou remplacer simplement par une huile au citron.

* * *

Rapinis

Il y a ceux qui en raffolent et ceux qui le détestent, l'amertume de ce légume ne laisse personne indifférent. Encore méconnu ! Pour le choisir, éviter les tiges ligneuses et les bourgeons jaunes.

* * *

4 portions

* * *

1 bouquet de rapinis
(600 g)

—

Huile d'olive, au besoin

—

Ail émincé (facultatif)

—

Sel

* * *

Couper le bout des tiges d'environ 1,5 cm ou plus et retirer les feuilles flétries, conserver les autres. Séparer les tiges en deux parties :
les bouquets en morceaux de 10 cm d'un côté, le reste de la tige de l'autre.

—

Dans une casserole d'eau bouillante salée, blanchir d'abord les tiges environ 30 s avant d'ajouter les bouquets pour quelques secondes de plus.

—

Les refroidir dans un bain d'eau glacée pour arrêter la cuisson. Égoutter partiellement.

—

Dans une poêle, chauffer l'huile et l'ail sans laisser prendre couleur. Mettre les rapinis encore mouillés dans la poêle, sinon ajouter un peu d'eau. Saler.

—

Couvrir et poursuivre la cuisson, à feu moyen, jusqu'à ce qu'ils soient *al dente*. Servir.

* * *

Légumes rôtis

C'est tellement bon!
La saveur est plus concentrée et on obtient une légère caramélisation.
Les légumes seront délicieux en accompagnement, mais aussi en entrée et dans une salade.
Pensez à les ajouter également sur les pâtes.

Principes de base

* * *

Utiliser un grand plat à four rectangulaire aux bords de moins de 5 cm. Les légumes ne doivent pas se toucher.

—

Huiler le plat ou le papier qui le tapisse (tapisser de papier sulfurisé ou d'aluminium facilite le nettoyage).

—

Couper les légumes de tailles égales pour obtenir un temps de cuisson égal. Bien enrober les légumes d'huile. Assaisonner.

—

Utiliser le gros sel si vous en avez et des herbes qui ne sont pas trop tendres pour parfumer (romarin, thym, sauge). Ou encore faites vos propres expériences avec les épices.

Préchauffer le four à 220 °C (th. 7/8), sauf s'il y a une indication contraire.

—

Si vous utilisez un seul plat, le placer au centre du four.
Si vous devez en utiliser deux, en placer un au centre et l'autre sur la grille du bas en alternant toutes les 15 min et en augmentant légèrement le temps de cuisson.

—

En cours de cuisson, secouer la plaque ou tourner les légumes à l'aide d'une spatule ou d'une pince pour les rôtir uniformément. **Les temps de cuisson sont approximatifs et dépendent du four, de la quantité et de la fraîcheur des légumes.**

* * *

Ail confit

Un goût de noisette, plus doux et plus digeste que l'ail cru. En partageant la tête d'ail en gousses, l'ail confit sera beaucoup plus facile à extraire. Il remplace bien l'ail cru dans de nombreuses préparations : mayonnaise, vinaigrette, pesto, sauces…

* * *

1 ou 2 têtes d'ail
défaites en gousses, en chemise
(non pelées)

—

Huile d'olive

* * *

Préchauffer le four à 180 °C (th. 6).

—

Placer les gousses au centre d'une papillote de papier d'aluminium.

—

Bien huiler les gousses et les cuire au centre du four environ 45 min.

—

Vous n'aurez ensuite qu'à presser la gousse pour en extraire l'ail confit.

—

Réduire en pâte.

—

Se conserve quelques jours au réfrigérateur dans un contenant hermétique recouvert d'un film d'huile.

* * *

Utilisations

Tartiner sur du pain.

—

Aromatiser une vinaigrette ou une mayonnaise (p. 178).

—

Mélanger à une purée de légumes.

—

Ajouter à une sauce, une soupe, un pesto…

Asperges

* * *

(Pour parer les asperges, voir p. 170.)
Huiler, saler, cuire les asperges 10 à 15 min. Secouer la plaque à mi-cuisson. Piquer la tige pour vérifier la cuisson.

* * *

Betteraves

* * *

Emballer les betteraves non pelées, huilées dans une papillote d'aluminium. Cuire environ 45 min selon la saison et la taille des betteraves. Piquer avec la pointe d'un couteau pour vérifier la cuisson.

* * *

Carottes et panais

* * *

Couper en 2 sur la longueur ou garder entiers si les légumes sont fins. Huiler, saler, tourner et cuire 30 à 40 min et les retourner à mi-cuisson.

* * *

Chou-fleur

* * *

Découper le chou-fleur en bouquets de 5 cm. Huiler, saler, assaisonner de curry et cuire environ 30 min en les retournant une fois ou deux.

* * *

Courge d'hiver, courge musquée, buttercup...

* * *

Sans peler, couper la courge en quartiers de 4 cm. Huiler, saler, assaisonner d'épices et/ou d'herbes (cayenne, thym, graines de coriandre ou romarin), cuire environ 40 min en les retournant deux fois pendant la cuisson.

* * *

Fenouil

* * *

(Pour parer le fenouil, voir p. 173.)
Couper le fenouil en 6 quartiers. Huiler et saler. Cuire environ 40 min en les retournant deux fois pendant la cuisson.

* * *

Haricots verts

* * *

Parer les haricots, huiler, saler, cuire environ 10 à 15 min en remuant la plaque après 5 min. Éviter de rôtir les haricots extra-fins.

* * *

Oignons

* * *

Couper les oignons moyens pelés en quartiers tout en les laissant attachés à la base. Huiler, saler, cuire 15 min, tourner et cuire environ 15 min.

—

Petits oignons nouveaux entiers, pelés, huilés, salés. Cuire entre 20 et 30 min.

* * *

Patates douces

* * *

Peler et couper les patates en quartiers. Huiler, saler, assaisonner (piment de la Jamaïque, cumin, romarin ou ail). Cuire environ 40 min en les retournant deux fois pendant la cuisson.

* * *

Pommes de terre

* * *

Couper en quartiers. Huiler, saler, cuire environ 40 min en les retournant deux fois pendant la cuisson.

* * *

Tomates-cerises

* * *

Sur une plaque de cuisson déposer les tomates enrobées d'huile. Cuire environ 10 min à 230 °C (th. 7/8) jusqu'à ce que les tomates s'attendrissent. Saler et poivrer.

—

Servir chaudes ou à température ambiante.

* * *

Peperonata

(Compote de poivrons et tomates)

Une recette de ma mère qu'elle cuisine souvent sans tomate, délicieuse avec tellement de choses qu'il y en a toujours dans son réfrigérateur ou dans son congélateur. Elle en ajoute une cuillerée à tout plein de plats autant en entrée qu'en accompagnement.

6 portions

* * *

5 poivrons rouges, jaunes ou orange grillés et pelés (p. 179)

—

6 c. à soupe d'huile d'olive

—

2 gousses d'ail dégermées, hachées

—

1 feuille de laurier

—

1 petite boîte de 400 g de tomates roma égouttées ou 5 tomates roma pelées, épépinées

—

Sel et poivre du moulin

* * *

Couper les poivrons en quartiers.

—

Dans une grande poêle, à feu moyen-fort, chauffer l'huile. Faire revenir les poivrons 5 min en remuant régulièrement pour qu'ils caramélisent légèrement.

—

Ajouter le reste des ingrédients. Laisser mijoter 5 min à feu moyen-doux. Vérifier de temps à autre pour éviter que les légumes n'attachent à la poêle.

—

Servir tiède.

* * *

Servir

sur une tranche de pain de campagne grillée et frottée à l'ail.

—

Avec quelques tranches de mozzarella ou quelques copeaux de parmesan et un bon pain croûté.

—

Comme accompagnement pour les viandes rôties ou grillées (steak, saucisse, poulet).

—

Comme sauce pour les pâtes.

—

En garniture avec les œufs.

Variante

Ajouter un petit piment fort si vous en avez envie.

Purées de pommes de terre

On raffole de la purée ! Qu'elle soit fine ou texturée, qu'elle soit simple ou sophistiquée !

4 à 6 portions

* * *

1 kg de pommes de terre Bintje ou Charlotte pelées, en quartiers

—

Sel

—

Beurre

—

Crème fraîche ou lait

—

Poivre du moulin

—

Muscade râpée

* * *

Dans une casserole, couvrir les pommes de terre de 2,5 cm d'eau froide généreusement salée. Porter à ébullition, réduire la chaleur. Mijoter à couvert entre 15 et 20 min.

—

Égoutter et remettre les pommes de terre dans la casserole, la poser sur le feu pour bien les assécher. Écraser les pommes de terre au presse-purée ou au pilon. Incorporer le beurre, la crème ou le lait, le poivre et la muscade. Vérifier l'assaisonnement.

* * *

À l'huile d'olive

* * *

Remplacer le lait ou la crème et le beurre par de l'huile d'olive. Ajouter des olives dénoyautées hachées. Dans ce cas, supprimer la muscade dans la purée de base.

* * *

À la moutarde

* * *

Supprimer la muscade dans la recette de base. Une fois la purée prête, ajouter plus ou moins 2 c. à soupe de moutarde de Dijon ou à l'ancienne. Délicieuse avec les saucisses, les rôtis, l'agneau, le poulet et le poisson.

* * *

À la purée d'ail

* * *

Ajouter 4 gousses d'ail confit en purée (p. 117) au moment d'écraser les pommes de terre.

* * *

À la roquette

* * *

Hacher un gros bouquet de roquette en chiffonnade et l'ajouter aux pommes de terre à l'huile d'olive avec de l'ail confit.

* * *

Au citron

* * *

Avant d'écraser les pommes de terre, fondre le beurre et y ajouter 2 c. à café de jus de citron et 2 c. à café de zeste de citron finement râpé. Une fois la purée terminée, la garnir de persil haché ou de gremolata (p. 90).

* * *

Au safran

* * *

Pour les amateurs de safran, ajouter à la cuisson des pommes de terre un oignon entier en quartiers. Infuser deux pincées de safran dans la crème ou le lait chaud 15 min. Poursuivre avec la recette de base en supprimant la muscade. On obtient ainsi une pomme de terre d'un jaune magnifique qui se prête bien à l'osso buco (p. 90) ou à un poisson.

* * *

Aux petits pois

* * *

Cuire les pommes de terre avec un oignon. Environ 5 à 10 min avant la fin de la cuisson des pommes de terre, ajouter 200 g de petits pois congelés préalablement décongelés. Passer au presse-purée ou écraser au pilon, ajouter le beurre, la crème fraîche ou le lait, le sel, le poivre et 2 c. à soupe de menthe hachée.

* * *

Aux poireaux

* * *

Dans une poêle, faire fondre doucement des tranches de poireau dans du beurre et de l'huile. Déposer sur la purée.

* * *

Purée de patates douces

Couleur et saveur.
Une belle recette de l'équipe de Philippe de Vienne.

4 portions

* * *

1 kg de patates douces en morceaux (environ 3)

—

Huile d'olive

—

1 c. à soupe de romarin haché finement

—

1 bonne pincée de muscade râpée

—

Sel et poivre du moulin

—

50 g d'olives noires dénoyautées, en quartiers

* * *

Dans une casserole, cuire les patates douces à la vapeur environ 15 min. (On peut aussi les cuire au four et les peler.)

—

Écraser grossièrement la chair à l'aide d'un moulin à légumes ou d'un presse-purée.

—

Ajouter l'huile et les assaisonnements.

Avant de servir, garnir d'olives noires, éventuellement.

Purée de céleri-rave

Malgré son apparence, un légume fin à saveur délicate.

4 portions

* * *

1 gros bulbe de céleri-rave d'environ 1 kg, pelé, en dés

—

1 grosse pomme de terre d'environ 200 g pelée, en plus petits cubes que le céleri-rave

—

Beurre, crème fraîche ou lait

—

Sel et poivre du moulin

* * *

Dans une casserole, cuire le céleri-rave et la pomme de terre à l'eau bouillante salée, 15 à 20 min.

—

Égoutter les légumes, les assécher sur le feu en remuant la casserole.

À l'aide d'un pilon ou d'un presse-purée, écraser les légumes en purée fine en incorporant le beurre, la crème fraîche ou le lait. Saler et poivrer.

* * *

Salade de pommes de terre tièdes à la moutarde

Le vert vif du cresson ou de la roquette,
la douceur de la pomme de terre et une pointe de moutarde.

4 portions

* * *

600 g de pommes de terre grenailles ou rattes

—

1 c. à café de zeste de citron râpé

—

1 c. à soupe de jus de citron

—

1 c. à soupe rase de moutarde à l'ancienne

—

Sel et poivre du moulin

—

4 c. à soupe d'huile d'olive

—

1 bouquet de ciboulette, d'aneth hachées ou de ciboules émincées

—

Radis ou fenouil émincés (facultatif)

—

Un bouquet de cresson ou de roquette, lavé, paré

* * *

Dans une casserole, couvrir les pommes de terre d'eau froide généreusement salée.

—

Porter à ébullition, cuire les pommes de terre à couvert.

—

Égoutter et couper les pommes de terre en deux et les déposer dans un saladier.

—

Dans un bol, fouetter ensemble le zeste et le jus de citron, la moutarde, le sel, le poivre et l'huile d'olive.

—

Verser sur les pommes de terre chaudes.

—

Ajouter l'herbe choisie et mélanger.

—

Garnir de radis ou de fenouil.

—

Disposer sur du cresson ou sur de la roquette légèrement huilée ou sur une salade de saison.

* * *

Servir

avec une grillade de bœuf, de poulet, des saucisses.

—

Avec des charcuteries.

—

En accompagnement des palets de saumon (p. 60).

Potée de lentilles

Cette potée délicieuse à souhait me vient de la chef Josée Robitaille.

4 portions

* * *

400 g
de lentilles vertes du Puy

—

2 c. à soupe
de graisse de canard
ou d'huile d'olive

—

1 gros oignon haché finement

—

2 carottes en dés

—

2 branches de céleri en dés

—

1 gousse d'ail pelée, en 2

—

120 g de pancetta
ou de lard salé en dés

—

1 l de bouillon de légumes
ou de poule

—

2 branches de thym frais
ou 1 c. à café séché

—

2 feuilles de laurier

—

8 c. à soupe
de persil plat haché

—

Sel et poivre du moulin

* * *

Mettre les lentilles dans une casserole remplie d'eau et porter à ébullition. Égoutter immédiatement et rincer. Réserver.

—

Dans une casserole, faire fondre la graisse de canard ou chauffer l'huile à feu moyen. Faire suer les légumes à feu doux 10 min sans laisser colorer en remuant régulièrement.

—

Ajouter l'ail et la pancetta, poursuivre la cuisson 2 min.

—

Ajouter le bouillon, le thym, le laurier et les lentilles aux légumes.

—

Réduire la chaleur, cuire à couvert 30 min jusqu'à ce qu'ils soient tendres.

—

Ajouter le persil aux lentilles, rectifier l'assaisonnement et bien mélanger.

* * *

Accompagne
particulièrement bien les viandes confites.

Variante
En soupe : à la cuisson des lentilles, ajouter plus de bouillon.

Conservation
Se prépare à l'avance.

—

Se congèle.

—

Se réchauffe facilement.

Riz basmati

La cuisson du riz basmati parfume toute la maison.
Pour cette méthode, utilisez une petite casserole avec un couvercle hermétique.

4 portions

* * *

200 g de riz basmati*

—

15 g de beurre
ou 1 c. à soupe d'huile

—

37,5 cl d'eau

—

3/4 c. à café de sel

* * *

Dans une passoire, rincer le riz sous l'eau jusqu'à ce que l'eau soit claire. Bien égoutter en secouant le tamis pendant quelques minutes.

—

Dans une casserole, chauffer le beurre ou l'huile. Y faire revenir le riz jusqu'à ce qu'il soit translucide. Ajouter l'eau et le sel, porter à ébullition. Réduire la chaleur au plus bas.

—

Cuire à couvert environ 17 min, vérifier seulement en fin de cuisson. Retirer du feu sans découvrir. Laisser reposer 5 à 10 min.

* * *

*Pour 400 g de riz basmati, mettre 68 cl d'eau.
Pour 600 g de riz basmati, mettre 93 cl d'eau.

Riz à la moutarde

* * *

Chauffer des graines de moutarde dans une poêle jusqu'à ce qu'elles dansent. En saupoudrer le riz avec quelques larmes de jus de citron ou de citron vert.

* * *

Riz au sésame

* * *

Ajouter au riz prêt à déguster des graines de sésame grillées.

* * *

Riz aux épices

* * *

Faire revenir dans le beurre ou l'huile, 1 feuille de laurier, 5 gousses de cardamome écrasées, 1 bâton de 8 cm de cannelle. Ajouter le riz et poursuivre la recette.

* * *

Riz basmati brun

* * *

200 g de riz basmati brun

—

15 g de beurre ou
1 c. à soupe d'huile

—

56 cl d'eau

—

3 pincées de sel

* * *

La cuisson sera d'environ 40 min.

* * *

Polenta cuite au four

Une version « au four » pas vraiment dans la tradition mais tellement facile.

4 portions

* * *

75 cl de bouillon

—

15 g de beurre

—

140 g de semoule de maïs

—

1 c. à café de sel

—

Poivre du moulin

—

4 c. à soupe de parmesan râpé

—

4 c. à soupe de lait ou de mascarpone

* * *

Préchauffer le four à 220 °C (th 7/8).

—

Dans un plat à cuisson avec couvercle allant au four, mélanger le bouillon, le beurre, la semoule et les assaisonnements.

—

Cuire au four à couvert 30 min, en remuant une fois à mi-cuisson.

—

Retirer du four, ajouter le fromage et le lait ou le mascarpone.

—

Mélanger et vérifier l'assaisonnement.

* * *

Servir

avec les viandes braisées.

—

Comme accompagnement des saucisses.

—

Dans un repas végétarien, avec un tian courgettes et tomates (p. 112), une peperonata (p. 120).

—

Avec un ragoût de champignons.

—

Tout simplement couverte d'une sauce tomate (p. 94).

Conservation

Garder au réfrigérateur. Pour utiliser un reste de polenta froide, la trancher et la faire revenir avec de l'huile dans une poêle antiadhésive.

— Les desserts —

* * *

Panna cotta

Panna cotta, littéralement «crème cuite».
Un dessert culte des restaurateurs. Il a volé la vedette au tiramisu. Un dessert frais caractérisé par les graines de vanille dans la blancheur de la gelée.

6 portions

* * *

3 feuilles de gélatine

—

1 gousse de vanille

—

30 cl de crème fleurette

—

70 à 100 g de sucre

—

300 g de yaourt nature

* * *

Placer la gélatine dans l'eau froide 5 min.

—

Fendre la gousse de vanille en deux à l'aide d'un couteau et en retirer les graines.

—

Chauffer la crème et les graines de vanille. Y dissoudre le sucre en remuant.

—

Ajouter la gélatine égouttée et laisser fondre complètement en remuant.

—

Retirer du feu, ajouter le yaourt. Bien mélanger.

—

Verser dans six ramequins huilés ou dans des verres.

—

Mettre au réfrigérateur au moins 2 h jusqu'à ce que la préparation soit prise.

—

Pour démouler les ramequins, détacher le pourtour avec la lame d'un couteau et les tremper quelques secondes dans l'eau bouillante.

* * *

Servir

avec des fruits de la passion, ces petits fruits aux graines croquantes et au parfum exquis. Compter un fruit par personne. Choisir des fruits avec la peau ridée. Les ouvrir et en déposer les graines sur la panna cotta.

—

Accompagner d'un coulis de fraises, de framboises (p. 173). Entourer la panna cotta de coulis et ajouter des cubes de mangue.

—

Avec une salade de fruits. Dans une assiette creuse, démouler la panna cotta et l'entourer d'une salade de fruits. Ou encore, dans un verre, déposer la salade de fruits égouttée sur la panna cotta.

Mousse de fromage aux petits fruits

Le cheese-cake *revisité.*

6 portions

* * *

12,5 cl de crème fraîche

—

250 g de mascarpone
à température ambiante

—

12,5 cl de crème aigre
(facultatif)

—

60 à 100 g de sucre

—

1 c. à soupe
de zeste de citron râpé

—

2 c. à soupe
de jus de citron

—

Petits fruits rouges frais
ou décongelés (myrtilles,
framboises ou mélange de baies)

* * *

Garniture

—

18 biscuits à la cannelle,
au gingembre, aux amandes…

* * *

<u>Dans un saladier</u>, fouetter la crème fraîche. Réserver.

—

<u>Dans un autre saladier</u>, fouetter le fromage à l'aide du batteur électrique.

—

<u>Incorporer</u> la crème aigre, le sucre, le zeste et le jus de citron. Continuer de fouetter jusqu'à ce que le mélange soit homogène.

—

<u>À l'aide d'une spatule</u>, intégrer délicatement la crème fouettée au mélange précédent.

—

<u>Verser</u> l'appareil dans des coupes en alternant avec les petits fruits choisis.

—

<u>Réfrigérer</u> quelques heures.

* * *

Servir

telle quelle accompagnée de quelques biscuits ou saupoudrer de miettes de biscuits.

Yaourt glacé aux litchis

Facile, léger, subtil, surprenant...

6 à 8 portions

* * *

2 boîtes de litchis (environ 50 litchis)

—

4 c. à soupe de sucre

—

2 yaourt brassés

* * *

Égoutter les litchis et les déposer dans le bol du mixeur avec le sucre.

—

Réduire en purée, ajouter les yaourts en prenant bien soin de racler le tour du bol avec une spatule.

—

Verser dans un sac de congélation hermétique et déposer à plat dans le congélateur.

—

Laisser durcir.

—

Casser le mélange glacé en petits morceaux ; dans le bol du mixeur, réduire de nouveau en purée par touches successives en raclant le bol à l'aide d'une spatule.

—

Ensuite, laisser le mixeur en marche jusqu'à la consistance homogène voulue.

* * *

Servir

tel quel ou accompagné de litchis frais non pelés ou d'une tuile ou d'un biscuit croustillant.

Conservation

Se prépare à l'avance et se conserve au congélateur 10 jours. Si la texture est trop glacée, remettre au mixeur pour lui redonner de la légèreté.

Sorbet à la mandarine

Goûteux et rafraîchissant,
il se fait en un tournemain et on le sucre selon son goût.

4 à 6 portions

* * *

2 petites boîtes de mandarines ou de clémentines

—

2 à 3 c. à café de gingembre râpé finement

—

2 c. à soupe de sucre en poudre

—

1 ou 2 blancs d'œufs

* * *

Verser le contenu des boîtes de fruits dans un sac de congélation. Congeler à plat jusqu'à ce que ce soit bien ferme.

—

Au moment de servir, briser la glace de fruits en morceaux dans le bol du mixeur.

—

Ajouter le gingembre et le sucre et broyer en actionnant par touches successives. Ensuite, laisser tourner le mixeur pour bien émulsifier le sorbet.

—

Pour favoriser l'émulsion, ajouter 1 ou 2 blancs d'œufs.

* * *

Servir

Dans des verres ou des coupes. Piquer le sorbet d'un biscuit au miel et au sésame ou d'un carré de chocolat.

—

Ou alors, servir avec une tuile croustillante (ci-dessous).

—

Ou encore, garnir de quelques bâtonnets de gingembre confit.

Note

Les jaunes d'œufs peuvent être utilisés pour une mayonnaise (p. 178).

Tuiles croustillantes au Rice Krispies

Pour ajouter du «crunch».
Cette tuile donne du style à une simple glace, à un sorbet ou à une mousse.

6 portions

* * *

4 c. à soupe de miel ou de sirop de maïs

—

175 g de riz soufflé

—

75 g de pistaches hachées grossièrement ou d'amandes effilées

—

Zeste d'orange finement râpé

* * *

Préchauffer le four à 180 °C (th. 6).

—

Tapisser une plaque de cuisson (25 x 38 cm) de papier sulfurisé.

—

Dans une petite casserole, chauffer le miel ou le sirop de maïs juste pour le liquéfier.

—

Dans un saladier, mélanger tous les ingrédients à la fourchette et y incorporer le sirop obtenu.

Étaler le mélange sur la plaque et mettre au centre du four. Après 4 ou 5 min, sortir la plaque du four. Couvrir la tuile de papier sulfurisé et, à l'aide d'un rouleau à pâtisserie ou d'une spatule, l'amincir le plus possible. Cuire encore 4 à 5 min.

—

Sortir du four et refroidir complètement.

—

Casser en morceaux.

* * *

Servir

piquées dans du yaourt, une glace, un sorbet ou une mousse.

Gelée d'agrumes

Un fruit presque nature,
encore plus beau, encore plus frais.

6 à 8 portions

* * *

7 ou 8 oranges navels
ou sanguines

—

3 ou 4 pamplemousses roses

—

4 c. à soupe
de miel ou 50 g de sucre, plus
ou moins selon que les fruits
sont sucrés

—

7 à 8 feuilles de gélatine

* * *

Placer les feuilles de gélatine dans un grand bol d'eau froide.

—

Peler les fruits à vif au-dessus d'un tamis, prélever les quartiers (p. 170).

—

Égoutter les fruits pour obtenir 150 à 200 g de fruits et 37,5 cl de jus. Ajouter du jus si nécessaire.

—

Dans un bol, dissoudre le miel ou le sucre dans le jus. Réserver.

—

Dans une petite casserole, chauffer le jus puis ajouter la gélatine.

—

À feu doux, fondre la gélatine égouttée.

—

Partager les fruits dans des verres ou dans des coupes de verre.

—

Verser le jus sur les fruits, couvrir d'un film alimentaire et refroidir 5 h jusqu'à ce que la gélatine soit prise.

* * *

Variantes

Remplacer le jus des agrumes par du jus de raisin blanc (muscat) ou un bon vin mousseux.

—

Ajouter au jus environ 1 c. à café d'eau de fleur d'oranger ou 4 c. à soupe de liqueur à l'orange.

—

Ajouter au jus des feuilles de menthe en chiffonnade.

Gelée de jus de fruits pour les petits

Pour faire plaisir à mes amis parents qui n'ont pas toujours le temps de cuisiner des biscuits avec les enfants.

60 ML (4 C. À SOUPE) DE GÉLATINE NEUTRE (4 SACHETS)

1 L (4 TASSES) DE JUS DE FRUIT AU CHOIX : ORANGE, CANEBERGES, RAISAIN ROUGE OU BLANC OU UN NECTAR

DANS UN BOL, FAIR GONFIER LA GÉLATINE DANS 250 ML (1 TASSE) DE JUS DE FRUIT ENVIRON 5 MIN.

DANS UNE CASSEROLE, CHAUFFER LE RESTE DU JUS DE FRUITS AU POINT D'ÉBULLITION, AJOUTER LA GÉLATINE GONFLÉE ET REMUER POUR DISSOUDRE

VERSER LA PRÉPARATION DANS UN MOULE CARÉ DE 23 CM (9 PO.

LAISER PRENDRE AU RÉFRIGÉRATEUR AU MOINS 3 H OU TOUT UNE NUIT.

POUR DÉMOULER TREMPER QUELQUES SECONDES LE FOND DU MOULE DANS L'EAU CHAUDE ET RENVERSER SUR UNE PLAQUE.

DÉCOUPER DES formes à L'AIDE D'EMPORTE-PIÈCES.

EMMA SAVOIE DROUIN
8 ANS ET DEMIE

Raisins au porto

À l'apéro, en accompagnement des fromages, pour terminer le repas… comme bon vous semblera !

* * *

500 g de raisins sans pépin

—

5 longs zestes de citron

—

25 cl de porto ou de vin de muscat

* * *

Déposer les raisins et les zestes de citron dans un sac de congélation moyen et y verser le porto.

—

Refermer le sac et aspirer à l'aide d'une paille le maximum d'air afin d'immerger les raisins dans le porto.

—

Laisser macérer au moins 6 à 8 h. Déposer dans une coupe et grignoter en fin de repas. Servir très frais.

* * *

Raisins glacés

Une astuce plus qu'une recette : des sorbets miniatures.

* * *

Retirer les raisins de la grappe et déposez-les sur une grande plaque. Placer au congélateur 2 à 3 h ou jusqu'à ce que les raisins soient gelés. Déposer les raisins glacés dans une coupe et grignoter.

* * *

Affogato

(Café chaud et glace)

Affogato, c'est-à-dire une glace noyée dans du café.
Réunion de deux délices italiens caffè *et* gelato.

* * *

Crème glacée à la vanille,
au café ou au chocolat

—

Bon café expresso chaud

* * *

Dans une tasse ou dans une coupe en verre, placer une boule de crème glacée et verser le café chaud sur la glace.

—

Savourer le mélange chaud-froid, doucement.

* * *

Poires pochées au miel épicé

Le plaisir de jouer avec les épices et les fruits.

4 portions

* * *

4 poires à chair ferme

—

160 g de miel

—

4 longs zestes de citron ou d'orange

—

2 c. à soupe de jus de citron

—

2 anis étoilé

—

10 grains de poivre

—

1 gousse de vanille fendue sur la longueur et grattée ou 1 c. à café d'extrait de vanille

—

1 piment chili

—

Eau en quantité suffisante

* * *

Peler les poires sans enlever la queue, retirer le cœur à l'aide d'un vide-pomme ou d'un couteau. Réserver les poires dans l'eau citronnée.

—

Dans une casserole, mettre ensemble le miel, le zeste et le jus de citron et les épices. Si on utilise à la place de la gousse de l'extrait de vanille, l'ajouter seulement après la cuisson.

—

Coucher les poires dans la casserole et ajouter environ 75 cl d'eau ou juste assez pour les couvrir. Couvrir la casserole.

—

Porter à ébullition.

—

Réduire la chaleur et laisser frémir en retournant les poires plusieurs fois jusqu'à ce qu'elles soient tendres sans être molles, 15 à 20 min.

—

Ajouter la vanille si on n'a pas utilisé de bâton de vanille précédemment. Refroidir dans le sirop et réfrigérer.

* * *

Servir

froides ou à température ambiante avec un yaourt nature.

—

Avec une glace ou du mascarpone allongé d'un peu de sirop.

—

Ou avec une sauce au chocolat (p. 170).

Conservation

En saison, on peut en préparer une grande quantité, les répartir dans des bocaux hermétiques et les garder au réfrigérateur ou les offrir en cadeau en laissant les aromates dans le sirop comme décoration.

Boutons à la cardamome

Un sablé au parfum exquis que ma cousine Chantal nous offre à chaque Noël.

48 sablés

* * *

150 g de beurre à température ambiante

—

130 g de cassonade

—

4 c. à soupe de crème fleurette

—

150 g de farine

—

2 c. à café de cardamome moulue

—

1/2 c. à café de levure chimique

—

1/2 c. à café de bicarbonate de soude

—

1 grosse pincée de sel

* * *

<u>Dans un saladier</u>, à l'aide du batteur électrique ou à la cuillère, fouetter ensemble le beurre et la cassonade jusqu'à l'obtention d'un mélange crémeux. Ajouter la crème fraîche, mélanger.

—

<u>Dans un autre récipient</u>, tamiser la farine, la cardamome, la levure, le bicarbonate et le sel. Incorporer au mélange précédent.

—

<u>Partager</u> la pâte en deux parts égales.

—

<u>Sur un film alimentaire</u>, former deux rouleaux d'environ 30 cm de longueur sur 2,5 cm de diamètre. Envelopper soigneusement de film plastique et ensuite de papier d'aluminium.

—

<u>Congeler</u> au moins 1 h.

<u>Préchauffer</u> le four à 190 °C (th. 6/7).

—

<u>Découper</u> la pâte en tranches de 1 cm. À l'aide de l'extrémité d'une baguette chinoise faire deux trous et déposer les tranches sur une plaque de cuisson.

—

<u>Cuire</u> environ 8 min. Tiédir sur une grille.

* * *

Conservation

La pâte se conserve des mois au congélateur. On a toujours sous la main ces sablés pour servir avec des mignardises, chocolats et petits fruits, ou encore pour accompagner glace et sorbet.

Carrés de truffe

Entre le bricolage et la cuisine.
Un moule bien humble : un carton de lait vide pour une mignardise aussi noble.
Seize petits « carrés » de chocolat à servir en fin de repas
accompagnés de biscuits, nougat, petits fruits frais ou secs.

16 petits carrés

* * *

4 c. à soupe
de crème fraîche

—

120 g de chocolat à dessert haché

—

1 c. à café de beurre

—

Cacao

* * *

Tailler le fond d'un carton de lait de 1 l à 2,5 cm de hauteur.

—

Au besoin, découper un double fond de la même taille pour obtenir une surface lisse.

—

Tapisser le fond de la boîte d'une double épaisseur de film alimentaire en le laissant largement dépasser pour faciliter le démoulage.

—

Verser la crème dans une casserole et porter à ébullition. Retirer du feu et ajouter le chocolat. Ajouter le beurre et remuer à la cuillère en bois afin de fondre complètement le chocolat.

—

Verser la ganache dans le moule, couvrir le moule de film alimentaire et réfrigérer quelques heures jusqu'à ce que la ganache soit bien refroidie.

—

Démouler, retirer le film plastique et, si nécessaire, lisser la surface à l'aide d'un long couteau passé à l'eau bouillante et bien essuyé.

—

Pour faciliter la découpe, passer le couteau sous l'eau chaude et l'essuyer avant de tailler 16 carrés de 1,5 cm.

—

Saupoudrer de cacao la surface des carrés.

* * *

À l'alcool

* * *

Incorporer 1 c. à soupe de Bailey's, Grand Marnier, rhum, Pernod, brandy, etc., dans la ganache avant de verser dans le moule.

* * *

À la menthe fraîche

* * *

On est très loin des After eight grâce au goût de menthe fraîche. Faire infuser 2 à 3 c. à soupe de feuilles de menthe fraîche hachées dans 6 c. à soupe de crème froide 1 h. Chauffer ensuite la crème, la filtrer et y faire fondre 4 c. à soupe de chocolat haché en remuant jusqu'à ce que le chocolat soit fondu.

* * *

Au thé à la bergamote

* * *

Faire infuser 1 sachet de thé Earl Grey dans la crème chaude 15 min. Bien presser le sachet pour en extraire le maximum de saveur et filtrer la crème dans une passoire pour en retirer les particules de thé. Chauffer la crème de nouveau avant d'y faire fondre le chocolat.

* * *

Cake amandes, chocolat et dattes

*Pour les jours de fête,
que des amandes grillées, du bon chocolat et des dattes :
le gâteau préféré de mon père.*

16 carrés

* * *

250 g d'amandes

—

250 g de chocolat à dessert haché grossièrement

—

6 blancs d'œufs

—

4 c. à soupe de sucre

—

250 g de dattes finement hachées

* * *

Garniture

—

Crème fraîche ou fouettée

—

Cacao

* * *

Préchauffer le four à 180 °C (th. 6).

—

Sur une plaque de cuisson, griller légèrement les amandes 7 à 8 min. Laisser refroidir complètement.

—

Beurrer un moule à gâteau carré de 23 cm et le tapisser d'un papier sulfurisé.

—

Dans le bol du mixeur, hacher grossièrement les amandes et le chocolat par touches successives. Réserver.

—

Dans un grand récipient, monter les blancs d'œufs en neige ferme à l'aide du batteur électrique en ajoutant le sucre petit à petit.

—

À l'aide d'une spatule, incorporer délicatement le mélange amandes et chocolat, et les dattes.

—

Verser dans le moule.

—

Cuire 40 à 45 min.

—

Laisser à la température ambiante sans démouler jusqu'à ce que le cake soit refroidi.

—

Démouler le cake sur une assiette et le réfrigérer toute la nuit.

—

Tailler le gâteau en carrés, garnir selon votre goût.

* * *

Servir

tiède ou à la température ambiante.

Note

Utiliser les jaunes d'œufs (qui se conservent au frigo jusqu'à 3 jours dans un bocal hermétique) dans :

—

Une mayonnaise (p. 178).

—

Des spaghetti à la carbonara.

—

Une crème anglaise.

—

Des crèmes caramel.

—

Un pudding…

Conservation

Se conserve plusieurs jours au frigo dans un contenant hermétique.

Pots de crème au chocolat

Un bijou de recette que mon amie Michelle Gélinas fait depuis des lunes.
À peine revisitée avec un parfum différent. Petite portion… grand bonheur!
Meilleur sera le chocolat, meilleur sera…

6 à 8 portions

* * *

20 cl de crème fleurette
ou de lait entier

—

150 à 180 g
de chocolat à dessert

—

3 c. à soupe de café expresso
ou très fort, chaud

—

3 œufs

—

2 c. à soupe d'alcool
(rhum, cognac,
liqueur de café ou d'orange)
ou de café

* * *

Garniture, au choix

—

Crème légèrement fouettée

—

Grains de café enrobés
de chocolat

—

Cacao en poudre

—

Morceaux de fruits frais

* * *

Faire chauffer la crème jusqu'à ébullition.

—

Dans le récipient du mixeur ou du hachoir, hacher le chocolat.

—

L'appareil toujours en marche, ajouter le café chaud, les œufs et l'alcool.

—

Verser la crème bouillante en filet.

—

Remplir des tasses à expresso, des verres ou des petits bols à thé d'une capacité de 80 ml.

—

Réfrigérer au moins 2 h.

* * *

Parfumée à la cardamome

* * *

Infuser 1/4 c. à café de graines de cardamome dans la crème ou dans le lait chaud jusqu'à ce que celui-ci soit parfumé. Réchauffer jusqu'à ébullition et filtrer en versant le liquide bouillant dans le récipient du mixeur.

Pouding vapeur au chocolat épicé

Un plat typique du temps des fêtes dans une version moins traditionnelle. Les parfums d'épices, café et chocolat se fondent dans ce pudding cuit à la vapeur. Ce pudding a aussi l'immense avantage de se préparer à l'avance.

8 portions

* * *

120 g de chocolat à dessert haché

—

125 g de beurre

—

2 œufs

—

100 g de cassonade tassée

—

4 c. à soupe de jus d'orange

—

1 c. à soupe de zeste d'orange râpé finement

—

160 g de farine

—

1,5 c. à café de levure chimique

—

1,5 c. à café de gingembre

—

1 c. à café de cannelle moulue

—

1/2 c. à café de poivre fraîchement moulu

—

1/2 c. à café de graines de moutarde en poudre (facultatif)

—

12,5 cl de café fort froid

—

1 c. à soupe d'extrait de vanille

* * *

Beurrer généreusement un moule à pudding à la vapeur muni d'un couvercle hermétique* d'une capacité de 1 l.

—

Fondre le chocolat et le beurre au bain-marie. Remuer régulièrement jusqu'à ce que le chocolat soit fondu.

—

Retirer du feu et laisser tiédir quelques minutes.

—

Dans un saladier, mélanger les œufs et la cassonade jusqu'à ce que la consistance soit homogène.

—

Incorporer le mélange de chocolat au mélange aux œufs.

—

Ajouter le zeste et le jus d'orange.

—

Tamiser tous les ingrédients secs sur le chocolat et incorporer juste assez pour les mouiller. Incorporer le café fort et la vanille.

—

Verser l'appareil dans le moule et couvrir.

—

Déposer le moule dans une casserole d'eau chaude en vous assurant que l'eau atteigne la mi-hauteur du moule.

Couvrir la casserole et porter à ébullition. Réduire la chaleur de façon que l'eau frémisse.

—

Cuire environ 1 h 30. En cours de cuisson, ajouter de l'eau chaude au besoin pour maintenir le niveau d'eau.

—

Démouler le gâteau sur une assiette de service et servir chaud ou tiède.

* * *

Servir

Avec une bonne glace à la vanille légèrement ramollie au réfrigérateur.

—

Napper d'une crème anglaise ou d'un filet de sauce au chocolat (p. 170).

Note

Pour réchauffer le pudding, placer le moule dans une casserole. Verser de l'eau bouillante jusqu'au tiers de la hauteur du moule. Réduire le feu au plus bas, et réchauffer à couvert 30 à 40 min.

*À défaut du moule classique muni d'un couvercle, utiliser un cul-de-poule ou un moule haut en faïence. Recouvrir d'un morceau de papier d'aluminium beurré et fixé fermement à l'aide d'une ficelle.

Gâteau de fête au chocolat

À l'émission, on a tous craqué pour le gâteau au chocolat du Cluny.
On le retrouve à chacune de nos fêtes.
En plus d'être succulent, il sert au moins 16 personnes.

16 portions

* * *

250 g de chocolat à dessert haché grossièrement

—

125 g de beurre doux

—

25 cl d'eau bouillante

—

3 œufs

—

400 g de sucre

—

2 c. à café d'extrait de vanille

—

12,5 cl de crème aigre ou de yaourt maigre

—

1 c. à café de bicarbonate de soude

—

320 g de farine

—

50 g de cacao

—

1,5 c. à café de levure chimique

—

1/2 c. à café de sel

* * *

Préchauffer le four à 180 °C (th. 6).

—

Beurrer généreusement et fariner un moule à cheminée.

—

Dans la partie supérieure d'un bain-marie, fondre 180 g de chocolat avec le beurre. Ajouter l'eau bouillante. Réserver.

—

Dans un saladier, battre ensemble les œufs, le sucre et la vanille. Réserver.

—

Dans un autre récipient, battre ensemble la crème ou le yaourt et le bicarbonate. Réserver.

—

Dans un grand bol, mélanger la farine, le cacao, la levure et le sel. Réserver.

—

Ajouter le mélange aux œufs au mélange au chocolat.

—

Verser sur les ingrédients secs, incorporer à la cuillère. Fouetter ensuite pour bien mélanger.

—

Incorporer la crème et le reste du chocolat haché.

—

Verser l'appareil dans le moule préparé.

—

Cuire environ 50 min ou jusqu'à ce qu'un couteau inséré dans le gâteau en ressorte propre. Démouler le gâteau sur une grille et laisser refroidir.

—

Verser doucement la ganache (ci-contre) sur le gâteau.

* * *

Ganache

* * *

12,5 cl de crème fraîche

—

180 g de chocolat à dessert haché

* * *

Dans une casserole, porter à ébullition la crème.

—

Mettre le chocolat dans un saladier et y ajouter la crème bouillante.

—

Retirer du feu et remuer jusqu'à ce que le chocolat soit fondu. Tiédir à température ambiante jusqu'à ce que la ganache épaississe légèrement.

* * *

Croustillant pommes pacanes

L'émission À la di Stasio *était à peine terminée, que l'équipe se jetait sur les petits bols encore chauds!*

6 portions

* * *

6 grosses pommes pelées, épépinées, en morceaux (Golden, Reine de Reinette)

—

4 c. à soupe de cassonade tassée ou de sirop d'érable

—

2 c. à soupe de fécule de maïs

—

Jus de 1 citron

* * *

Croustillant

—

6 c. à soupe de farine

—

100 g de cassonade tassée

—

90 g de beurre mou

—

270 g de noix de pécan hachées grossièrement

* * *

Préchauffer le four à 180 °C (th. 6).

—

Dans un saladier, mélanger les pommes, la cassonade, la fécule et le jus de citron.

—

Verser dans 6 ramequins d'environ 25 cl ou dans un moule carré de 23 cm.

—

Mélanger les ingrédients du croustillant et répartir sur les pommes.

—

Cuire 30 à 35 min pour les croustillants individuels et 35 à 40 min pour le grand moule.

* * *

Servir

le croustillant chaud ou tiède et l'accompagner de glace à la vanille.

Note

On peut aussi mélanger les ingrédients du croustillant dans le bol du mixeur par touches successives.

Variante

Parfumer selon votre goût de cannelle, de muscade, de piment de la Jamaïque ou de romarin frais haché finement.

Tartes fines mangues et frangipane

À la mangue ou à la poire,
carrées ou rondes, l'après-midi ou le soir,
c'est toujours bon.

4 portions

* * *

Frangipane*

—

60 g de beurre
à température ambiante

—

4 c. à soupe de sucre

—

1 œuf

—

60 g d'amandes en poudre

—

1/4 c. à café
d'essence d'amande

* * *

Croûte

—

200 g de pâte feuilletée
du commerce

—

3 mangues ou poires
(*voir* Variante)

—

1 c. à soupe
de sucre (facultatif)

* * *

Pour la frangipane, battre dans un bol le beurre et le sucre au batteur électrique jusqu'à ce que le mélange soit pâle et crémeux. Ajouter l'œuf, battre jusqu'à ce que le mélange soit homogène. Incorporer les amandes en poudre et l'essence d'amande. Réserver.

—

Préchauffer le four à 200 °C (th. 6/7).

—

Tapisser une plaque de cuisson de papier sulfurisé ou d'aluminium.

—

Sur un plan de travail légèrement fariné, abaisser la pâte à 3 mm d'épaisseur.

—

Découper la pâte pour former 4 cercles de 15 cm à l'aide d'une petite assiette renversée.

—

Piquer la pâte à plusieurs reprises à l'aide d'une fourchette. Réserver au congélateur ou 1 h au réfrigérateur.

—

Laver les mangues, entailler la peau et, à l'aide d'un couteau économe, peler. Tailler le plus près possible de chaque côté du noyau. Couper la chair en lamelles.

—

Étaler uniformément la frangipane sur chaque disque de pâte.

Disposer les tranches de mangues en cercle en les faisant se chevaucher. Saupoudrer les fruits de sucre, si désiré.

—

Cuire au four 15 à 20 min ou jusqu'à ce que les mangues soient dorées et le dessous de la pâte bien cuit.

* * *

Servir
tièdes.

Variante
À la place des mangues, utiliser des poires pelées. Couper en 2, retirer le cœur à l'aide d'un vide-pomme puis trancher les poires avant de les disposer sur la frangipane.

*On peut remplacer la frangipane par de la pâte d'amandes râpée à raison de 2 c. à soupe par tarte.

Gâteau soufflé au citron

La texture du soufflé et la sauce accumulée au fond du plat rendent ce gâteau irrésistible. Un must pour les aficionados du citron.

6 à 8 portions

* * *

4 œufs,
jaunes et blancs séparés

—

Une pincée de sel

—

200 g de sucre

—

125 g de beurre
à température ambiante

—

80 g de farine

—

Zestes de 2 citrons râpés

—

6 c. à soupe
de jus de citron

—

37,5 cl de lait

* * *

Préchauffer le four à 190 °C (th. 6/7).

—

Beurrer un grand moule à soufflé d'une capacité de 1,5 l et le placer dans un plat à cuisson de 23 x 33 cm.

—

Dans un grand récipient, à l'aide du batteur électrique, fouetter les blancs d'œufs en neige avec le sel, jusqu'à formation de pics mous.

—

Ajouter peu à peu 4 c. à soupe de sucre en fouettant jusqu'à ce que la meringue soit ferme et satinée, environ 5 min. Réserver.

—

Dans un petit saladier, battre en crème le beurre et le reste du sucre au batteur électrique 2 min ou jusqu'à ce que le mélange soit léger et crémeux. Ajouter les jaunes d'œufs, un à la fois, en battant entre chaque addition.

—

Tamiser la farine sur le mélange. Continuer de fouetter jusqu'à ce que la pâte soit homogène et lisse.

—

Ajouter les zestes et le jus de citron, puis le lait. Bien mélanger.

—

Incorporer délicatement les blancs d'œufs à l'aide d'une spatule.

—

Verser l'appareil dans le moule. Verser de l'eau bouillante dans le plat à cuisson jusqu'à mi-hauteur du moule à soufflé.

Cuire au four 35 à 40 min ou jusqu'à ce que le dessus du gâteau commence à dorer et que le gâteau soit pratiquement pris.

—

Laisser tiédir 10 min avant de servir.

* * *

Note

Ce dessert se réchauffe bien au micro-ondes.

Caramel à tartiner

J'ai toujours eu peur de faire du caramel.
Le chef Mustapha Rougaibi en a préparé à l'émission; j'ai succombé et j'ai commencé à en faire pour tous mes amis.
C'est peut-être la seule recette du livre qui demande un peu plus d'attention.
La confiserie étant ce qu'elle est, il faut y mettre du doigté… mais c'est tellement bon!

5 bocaux
de 25 cl

* * *

500 g de sucre

—

12,5 cl de sirop de maïs blanc

—

80 cl de crème fraîche

—

360 g de beurre salé en pommade

—

2 c. à café de sel de Guérande ou de fleur de sel (facultatif)

* * *

Remplir le fond de l'évier d'eau froide.

—

Dans une casserole épaisse et profonde de 5 l, mélanger le sucre et le sirop de maïs.

—

Cuire le caramel à **feu moyen**, en remuant. Il faut qu'il atteigne 185° C à 190° C au thermomètre à sucre.

—

Au besoin, retirer la casserole du feu.

—

C'est l'étape la plus délicate. Soyez vigilant, la température monte très rapidement. Aussitôt la température atteinte, déposer le fond de la casserole dans le bain d'eau froide pour en arrêter la cuisson.

—

Si la température est dépassée et que le caramel est **trop** foncé, il n'y a rien à faire. Il faut recommencer, car ce serait trop amer.

—

Ajouter peu à peu la crème chaude en remuant. ATTENTION! CELA PEUT ÉCLABOUSSER.

—

La température baissera.

—

Poursuivre la cuisson **jusqu'à 107 °C** en remuant.

—

Laisser **refroidir jusque entre 30 et 40 °C**.

—

Incorporer le beurre en brassant vivement à l'aide d'une cuillère en bois. Ajouter le sel et mélanger.

—

Remplir des bocaux et conserver au réfrigérateur.

* * *

Servir

tartiné sur du pain grillé.

—

Pour un dessert rapide, garnir une cuillère à soupe de caramel et y piquer un carré de bon chocolat noir.

—

On pourra aussi verser le caramel chaud en filet sur une salade de fruits ou sur une glace.

Note

Faire du caramel est une question d'habitude et de goût.
Libre à vous de varier la température du caramel entre 185 °C et 195 °C, pour obtenir un caramel plus ou moins amer.

— **Les bases** —
trucs et recettes

* * *

Agrumes

Comment prélever les quartiers

* * *

Il faut d'abord peler les agrumes à vif. Pour ce faire, à l'aide d'un couteau bien tranchant, retirer la peau des agrumes ainsi que la membrane blanche en coupant le plus près possible de la chair.

—

Ensuite, glisser la lame du couteau entre les fines membranes qui séparent les quartiers et les dégager délicatement.

—

Toujours procéder au-dessus d'un bol pour recueillir le jus du fruit.

* * *

Ail confit

Voir p. 117

* * *

Asperge

Comment la parer

* * *

Pour les conserver, couper le pied de chaque asperge et les placer debout dans un bocal rempli à moitié d'eau fraîche. Couvrir d'un sac plastique et réfrigérer.

—

Pour préparer les asperges à la cuisson, casser la tige en pliant l'asperge jusqu'à ce qu'elle casse d'elle-même. Peler, de la pointe vers le bout de la tige, à l'aide d'un couteau économe.

—

On peut cuire les asperges en les blanchissant dans l'eau bouillante salée, on peut les cuire à la vapeur ou les griller au four ou sur le barbecue.

* * *

Canneberges

Sauce aux canneberges

Environ 50 cl

* * *

6 c. à soupe
de feuilles de menthe fraîche, hachées

—

1 sac de 300 g
de canneberges fraîches ou congelées

—

Zeste de 1 orange râpé finement

—

25 cl de jus d'orange

—

25 g de sucre

* * *

Dans une casserole, porter tous les ingrédients à ébullition en remuant régulièrement.

—

Réduire la chaleur et laisser mijoter 10 min jusqu'à ce que les canneberges commencent à éclater. Laisser tiédir.

—

Verser dans un bocal, fermer hermétiquement et réfrigérer.

* * *

Chocolat

Ganache

Voir recette p. 158

* * *

Sirop au chocolat

18 cl

* * *

25 g de sucre

—

4 c. à soupe
de cacao

—

12,5 cl d'eau

—

60 g de chocolat
à dessert haché

* * *

Dans une petite casserole, mélanger le sucre et le cacao. Ajouter l'eau et le chocolat haché.

—

Chauffer à feu moyen en remuant constamment jusqu'à ce que le chocolat soit fondu.

—

On peut faire le sirop à l'avance, le réfrigérer et le réchauffer au besoin.

* * *

Sauce au chocolat

18 cl

* * *

120 g
de chocolat à dessert haché grossièrement

—

12,5 cl de crème fraîche

* * *

Dans un cul-de-poule posé sur une casserole d'eau frémissante, fondre le chocolat dans la crème en remuant de temps en temps.

—

Verser dans un bocal, tiédir et réfrigérer à couvert.

—

Réchauffer au moment de servir.

* * *

Croûtons

Bruschettas ou crostinis

* * *

Bruschettas ou crostinis sont des incontournables. Les premières sont des tranches de pain rustique, de campagne, plus ou moins grandes. Le pain est grillé sous le gril ou au grille-pain et frotté ou pas d'une demi-gousse d'ail, à chaud. Les tranches de pain sont ensuite garnies au choix de peperonata (p. 120), par exemple.

—

Les crostinis, quant à eux, sont plus petits : pain carré coupé en quatre, pain ficelle et baguette en tranches… Une fois grillés, ils sont utilisés comme bases de canapés.

* * *

Pain baguette ou ficelle grillé

* * *

Préchauffer le four à 180 °C (th. 6).

—

Couper le pain en tranches droites ou en diagonale. Déposer sur une plaque de cuisson et cuire environ 15 min jusqu'à ce que le pain soit doré.

* * *

Croûtons en dés

* * *

Le pain pour les croûtons se taille beaucoup mieux quand il n'est pas trop frais.

—

Les croûtons sont incomparables avec ceux qu'on trouve généralement sur le marché. À ajouter aux potages et aux salades.

* * *

1 pain, sans la croûte,
en dés uniformes
de 1 à 2,5 cm

—

4 c. à soupe
d'huile d'olive, de beurre fondu
ou les 2 en parts égales

—

Sel et poivre du moulin

—

Parmesan, épices, herbes, ail écrasé
(facultatif)

* * *

Préchauffer le four à 180 °C (th. 6).

—

Dans un saladier, mélanger les croûtons, l'huile ou le mélange de beurre et d'huile. Saler et poivrer.

—

Déposer sur une plaque de cuisson en un seul rang. Cuire environ 15 min ou jusqu'à ce que les croûtons soient dorés en secouant la plaque à quelques reprises.

* * *

Croûtons pita

* * *

En fait, ces croûtons sont meilleurs que des chips ! Ils accompagnent très bien l'hoummos et autres tartinades, certains potages aux parfums orientaux ou émiettés sur les salades.

* * *

Pitas moyens
d'environ 18 cm

—

Huile d'olive

—

Sel de mer

—

Poivre

—

Épices, au choix
zatar
(un mélange à base de thym
et de sésame que l'on trouve
dans les épiceries orientales),
curry, paprika, origan
ou
Remplacer le sel
par du sel de céleri.

* * *

Préchauffer le four à 180 °C (th. 6).

—

Ouvrir le pita en 2, le badigeonner d'huile et assaisonner, au goût.

—

Empiler les pitas les uns sur les autres et les couper en 8 pointes.

—

Déposer sur une plaque à cuisson et griller environ 8 min.

—

Ou les ouvrir et les laisser entiers, badigeonner d'huile, assaisonner et cuire jusqu'à ce que les croûtons soient dorés.

* * *

Épices

En rehausser la saveur

* * *

Pour accentuer le goût des épices, il est important de les chauffer légèrement pour permettre à l'huile essentielle qu'elles contiennent de se manifester.

—

Écraser ensuite les épices au mortier ou dans un moulin à café.

—

Pour nettoyer le moulin à café, mettre 2 c. à soupe de gros sel dans le moulin, actionner et secouer en même temps. Jeter le sel et bien essuyer le moulin avec un chiffon humide. Laisser sécher à l'air environ 10 min.

* * *

Fenouil

Comment le parer

* * *

Couper les branches du fenouil et retirer la première feuille extérieure si elle est flétrie. À l'aide d'un couteau économe, peler l'extérieur du bulbe pour en retirer les filaments ou les retirer à l'aide d'un petit couteau en tirant sur chacun.

—

Pour la cuisson, couper le bulbe en deux par le centre sans en abîmer le cœur qui maintient les feuilles en place. Couper ensuite en quartiers, toujours en laissant les feuilles attachées au cœur.

—

Le fenouil est délicieux cru, coupé en bâtonnets et servi avec une bonne huile d'olive ou de la tapenade. On le mange aussi émincé et servi en salade.

—

Cuit, il est délicieux braisé doucement dans du bouillon. Éviter cependant de trop le cuire.

* * *

Fraises et framboises

Coulis de fraises ou de framboises

25 cl

* * *

300 g de fraises ou de framboises surgelées, décongelées

—

4 c. à soupe de sucre

—

1 c. à café de jus de citron

* * *

Mettre tous les ingrédients dans le bol du mixeur et réduire en purée. Bien racler les bords.

—

Pour les framboises, passer au tamis pour en retirer les grains.

* * *

Fromage

Idées pour le servir

* * *

Certaines personnes sont moins «dessert» et préfèrent terminer le repas avec un fromage.
On traîne à table sans avoir à cuisiner. Pour en profiter avec vos invités, il ne faut pas servir un repas trop lourd sinon… le fromage sera tout à vous le lendemain midi!

—

Si l'on sert plus d'un fromage, il faut doser les textures et les saveurs. Personnellement, je préfère servir un seul fromage. On présente un beau gros morceau avec un accompagnement bien choisi :

Avec des fruits

* * *

Comme pour le reste du repas, on suit les saisons. Petites baies, fraises ou autres avec des fromages frais. Des pommes en saison avec du cheddar ou des croûtes fleuries. Des figues fraîches, des poires…

* * *

Avec des noix

* * *

Des noix que vous aurez fait griller sur une plaque à 180 °C (th. 6) 8 à 10 min ou des noix entières que vous aurez plaisir à casser.

* * *

Avec des fruits secs

* * *

Nature ou gorgés d'alcool. Ou encore une pâte de fruits comme la pâte de coing servie souvent en Espagne, délicieuse avec le fromage manchego ou les pâtes persillées.

* * *

Dans les salades

* * *

On y ajoute des fruits, des poires ou des figues et si vous avez une huile de noix, en ajouter quelques gouttes à votre vinaigrette et parsemer la salade de noix grillées.

* * *

Avec du pain

* * *

Toasts, biscottes mais surtout du pain de fabrication artisanale… Faites votre choix, croûte épaisse, mie tendre, raisins, noix, même la fougasse avec certains fromages.

* * *

Un restant de fromage

* * *

_ *Penser* grilled cheese *(p. 108) de luxe. Un bon pain, un bon fromage. Y ajouter une garniture, des champignons sautés, un pesto de tomates séchées, de la roquette fraîche…*
_ *Le faire fondre sur un croûton et déposer le tout sur une soupe.*
_ *Le râper pour en gratiner des légumes ou des pâtes.*
_ *Le mélanger à une salade verte ou de tomates.*
_ *En garnir une omelette.*
_ *En couvrir une pizza.*
_ *Pour un reste de bleu, le malaxer avec un peu de beurre et servir sur le bœuf ou le veau grillé ou encore sur des pommes de terre au four.*
_ *Utiliser la croûte de parmesan ou de grana padano en l'ajoutant au bouillon d'une soupe comme la minestrone (p. 42).*

* * *

Huile

* * *

Je ne saurais trop vous encourager à découvrir les bonnes huiles d'olive et à les utiliser en condiment à cru. Il s'agit d'y penser.
Avec les crudités, sur les légumes, les soupes, les salades, les purées, les grillades, les poissons et le riz.
Il existe aussi d'excellentes huiles parfumées sur le marché, mais c'est gratifiant de les préparer soi-même.

Huile au citron

* * *

Parfaite pour y tremper un bon pain croûté, des crudités ou des feuilles d'artichauts. Cette huile est tout aussi délicieuse sur des salades, des poissons ou des légumes cuits. Après avoir essayé plusieurs méthodes, infusion à chaud, longues infusions à froid, celle-ci est la meilleure.

* * *

25 cl

* * *

4 citrons, non traités de préférence
—
2 pincées de sel
—
25 cl d'huile d'olive

* * *

Bien brosser les citrons et lever le zeste. Surtout ne pas toucher la membrane blanche qui donnerait de l'amertume à l'huile.
—
Déposer dans un mortier ou un saladier deux bonnes pincées de sel et y écraser le zeste pour en extraire l'huile. Prendre le temps de le faire. Couvrir le zeste de l'huile d'olive et laisser infuser au moins 7 h ou plus. Tapisser un tamis de papier absorbant et filtrer l'huile.
—
Se conserve au réfrigérateur quelques semaines.

* * *

Huile pimentée

25 cl

* * *

25 cl d'huile d'olive ou une autre huile
—
4 c. à soupe de petits piments séchés écrasés
—
1 gousse d'ail entière pelée
—
1 feuille de laurier (facultatif)
—
Herbes de Provence (facultatif)

* * *

Chauffer doucement l'huile sans la faire bouillir.
—
Ajouter le piment et la gousse d'ail. Retirer du feu.
—
Réserver dans un bol et laisser macérer quelques jours avant de la goûter. Quand l'huile est à point, la filtrer dans un tamis tapissé d'une feuille de papier absorbant.
—
Verser dans une petite bouteille. Ne pas remettre la gousse d'ail, mais ajouter éventuellement une feuille de laurier ou des herbes de Provence.
—
À utiliser sur les pâtes, les pizzas, les soupes et les sautés.
—
Se conserve au réfrigérateur.

* * *

Légumes

Comment les parer

* * *

Voir Asperge (p. 170); Citronnelle (p. 66); Fenouil (p. 173); Poivron (p. 179); Tomate (p. 179)

* * *

Mangue

Comment la peler et la couper

* * *

Voir p. 32

* * *

Mayonnaise

50 cl

* * *

2 jaunes d'œufs ou 1 œuf
—
2 à 3 c. à café de moutarde de Dijon
—
Sel et poivre du moulin
—
1 à 2 c. à soupe de vinaigre de vin blanc ou de jus de citron
—
25 cl d'huile de colza
—
6 c. à soupe d'huile d'olive

* * *

Dans un saladier, fouetter tous les ingrédients sauf l'huile.

—

En fouettant, verser l'huile d'olive goutte à goutte, puis incorporer l'huile de colza en un mince filet. Fouetter vigoureusement jusqu'à l'obtention de la texture désirée*.

* * *

Note

Pour la préparer au mélangeur, ajouter l'huile d'olive au mélange de jaunes d'œufs. Mélanger. Ajouter l'huile de colza en un mince filet.

* * *

* Si la mayonnaise est trop épaisse, l'allonger avec quelques gouttes d'eau chaude, de jus de fruits ou de pernod.
Si par malchance la mayonnaise se sépare, recommencer dans un bol propre avec un jaune d'œuf et de la moutarde de Dijon en y fouettant de petites cuillerées du premier mélange jusqu'à ce qu'elle reprenne. Poursuivre tel qu'indiqué plus haut.

Olives

Comment les dénoyauter

* * *

Voir p. 14

* * *

Orange et pamplemousse

Voir Agrumes p. 170

* * *

Parmesan

Comment lever des copeaux

* * *

Pour lever facilement les copeaux : le fromage se travaille mieux s'il est à la température ambiante. À l'aide d'un couteau économe et sur une surface suffisamment lisse du fromage, lever le copeau d'un mouvement continu en espérant que le fromage «frise et roule» au passage de la lame. C'est vraiment le tour de main qui compte et une fois acquis, tout va bien!

* * *

Sauce au parmesan

Voir p. 94

* * *

Pâte brisée

* * *

Le secret de la pâte brisée au beurre est de très peu la travailler. Les petits morceaux de beurre emprisonnés dans la farine fondent à la cuisson et la vapeur qui s'en dégage fait lever la pâte qui n'en est que plus feuilletée.

* * *

2 abaisses de 23 cm

* * *

320 g de farine

—

2 c. à soupe de sucre*

—

1 pincée de sel

—

250 g de beurre froid en dés

—

5 c. à soupe d'eau glacée

* * *

Dans le bol du mixeur, mélanger les ingrédients secs environ 15 s. Disposer également le beurre sur le mélange, actionner l'appareil par touches successives jusqu'à ce que les particules de beurre aient la taille de petits pois.

—

Ajouter l'eau, mélanger par pulsions successives jusqu'à ce que la pâte forme une boule. Au besoin, ajouter 1 ou 2 cuillerées d'eau glacée supplémentaires.

—

Former une galette, l'envelopper d'un film alimentaire et réfrigérer au moins 30 min à 1 h.

—

Sortir la boule du réfrigérateur 15 min avant de l'utiliser. Abaisser en partant du centre.

* * *

Conservation

Se congèle 3 mois bien enveloppée dans un film alimentaire, puis dans un sac de congélation hermétique.

* * *

* Omettre le sucre pour une tarte salée.

Poivron

Comment le parer

* * *

Pour peler les poivrons, les couper en deux, les épépiner, les huiler et les déposer sur une plaque de cuisson tapissée de papier d'aluminium. Griller les poivrons sous le gril jusqu'à ce que la peau noircisse.

—

Sortir du four et refermer le papier d'aluminium pour envelopper les poivrons. La vapeur qui se dégage des poivrons pendant qu'ils tiédissent fera lever la peau.

—

Retirer facilement la peau à l'aide d'un petit couteau. On peut aussi faire griller les poivrons sur le barbecue. Les déposer ensuite dans un bol, les couvrir le temps qu'ils tiédissent, avant de les peler.

* * *

Prosciutto

Voir Chips de prosciutto p. 30

* * *

Sauce au chocolat

Voir Chocolat p. 172

* * *

Sauce aux canneberges

Voir Canneberges p. 170

* * *

Sirop au chocolat

Voir Chocolat p. 172

* * *

tomate

Comment la parer

* * *

Si les tomates doivent être mangées cuites, il faut les peler et les épépiner.

—

Pour les peler facilement, faire une incision en croix à la base, retirer le pédoncule, les plonger dans l'eau bouillante 15 s. Les plonger ensuite dans l'eau glacée, puis les peler. Pour les épépiner, couper les tomates en deux et presser délicatement la chair pour en extraire le jus et les graines.

* * *

Sauce tomate

Voir p. 94

* * *

Sauce tomate à la menthe

Voir p. 94

* * *

Sauce tomate et sauce au parmesan

Voir p. 94

* * *

Menus à la di Stasio

Bons, colorés et simples. Pour un déjeuner rapide, un samedi soir avec des amis ou un repas festif, voici quelques suggestions de menus en attendant de vous approprier les recettes et de les harmoniser selon votre goût.

Brunch 1

* * *

On commence par se réveiller les papilles !

Pour les enfants :
Gelée de jus de fruits pour les petits **142**

—

Sorbet à la mandarine **138**
ou
Gelée d'agrumes **140**

* * *

RAMEQUINS D'ŒUFS ET JAMBON **54**

—

Avec une salade de saison
ou une salsa mexicaine

* * *

Plateau de fromages 175
ou dessert

Affogato **145**
ou
Croustillant pommes pacanes **160**
ou
Gâteau de fête au chocolat **158**

* * *

Brunch 2

* * *

Pour les enfants :
Gelée de jus de fruits pour les petits **142**

—

Gelée d'agrumes **140**

* * *

SOUFFLÉS AU FROMAGE EN DEUX TEMPS **56**

—

Avec une salade de betteraves braisées **34**
ou une salade de saison et asperges rôties **118**

* * *

Et comme douceur…

Raisins au porto **144**
ou
Cake amandes, chocolat et dattes **152**
ou
Croustillant pommes pacanes **160**

* * *

Lunch 1

* * *

Doré et croustillant!

GRILLED CHEESE **108**

—

Avec un virgin Mary

* * *

Cake amandes, chocolat
et dattes **152**
ou des pommes et des poires

* * *

Lunch 2

* * *

PISSALADIÈRE **106**

—

Avec une salade de verdure,
vinaigrette au parmesan
(sans oignon rôti) **30**
ou une salade de fenouil **36**

* * *

Lunch 3

* * *

«BURGER» DE SAUMON
voir palets de saumon **60**
avec mayonnaise
au citron et roquette
ou mayonnaise
au wasabi et concombre
accompagné de crudités

* * *

Et pour dessert…

Pots de crème au chocolat **154**
ou
Sorbet à la mandarine **138**

* * *

Plat unique

On dépose directement sur la table…

* * *

CHAMPVALLON **84**

—

PÂTES, PIZZAS
ET SANDWICHS GRILLÉS **92-109**

—

SOUPE-REPAS ASIATIQUE
AU POULET **66**

—

FILET DE PORC
À L'ASIATIQUE **80**

—

POULET AU FROMAGE
ET AUX LÉGUMES RÔTIS **68**

—

TOURTE DE DINDE
ET DE CANARD **76**

—

OSSO BUCO AU FENOUIL
AVEC GREMOLATA **90**

* * *

Repas végétariens
Idées

* * *

CAPONATA **98**

—

PÂTES FARCIES AU FROMAGE, SAUCE TOMATE
ET COULIS DE PARMESAN **94**

—

PASTA PEPE E CACIO **96**

—

SOUFFLÉS AU FROMAGE EN DEUX TEMPS **56**

—

PIZZA À L'ŒUF **104**

—

PISSALADIÈRE **106**

—

POLENTA CUITE AU FOUR **129**
avec un tian courgettes et tomates **112**
ou une peperonata **120**

* * *

Repas rapides

Préparés à l'avance ou au dernier moment…
On passe à table en même temps que nos convives!

1

* * *

Salade nipponne 35
et poêlée de champignons
ou
Fumet de champignons 48

* * *

PRISE DU JOUR,
SAUCE À L'ORANGE 63
—
Riz basmati 128
ou
Purée de pommes de terre 122
et légumes verts 114

* * *

Poires pochées au miel épicé 146

* * *

2

* * *

En un tour de main.
Stracciatella 44
ou
Fumet de champignons 48

* * *

CONFIT DE CANARD 79
et salade de verdure

* * *

Pots de crème au chocolat 154
ou
Raisins au porto 144
ou
Poires pochées au miel épicé 146

* * *

3

* * *

Salade de tomates et mangues 32

* * *

CREVETTES SAUTÉES,
ÉMULSION DE GINGEMBRE 64
—
Riz basmati 128
et bok choy 114

* * *

Yaourt glacé aux litchis 136

* * *

4

* * *

Soupe aux œufs à la chinoise 44

* * *

PALETS DE SAUMON
À L'ORIENTALE 60
et salade de cresson nipponne 35

* * *

Sorbet à la mandarine 138

* * *

5

* * *

Plateau pour l'apéro
sans trop cuisiner 12

* * *

PASTA PEPE E CACIO 96

* * *

Raisins au porto 144
ou
Sorbet à la mandarine 138

* * *

6

* * *

Salade de fenouil 36

* * *

ESCALOPE DE DINDE PICCATA 72
—
Haricots verts rôtis 118
et pâtes au pesto
de tomates séchées

* * *

Plateau de fromages 175
ou une douceur
Pots de crème au chocolat 154
ou
Raisins au porto 144

* * *

7

* * *

Salade de verdure,
vinaigrette au parmesan 30
ou
Salade de fenouil, champignons
et parmesan 36

* * *

SAUCISSES ITALIENNES
AUX RAISINS 82
—
Polenta cuite au four 129
ou
Purée de pommes de terre 122
et rapinis 115

* * *

Affogato 145
ou
Glace artisanale

* * *

Un samedi soir

On se fait plaisir!

1

* * *

Fumet de champignons 48
ou
Huîtres 40

* * *

SAUMON EN CROÛTE D'ÉPICES 58

—

Purée de pommes de terre 122
et salade de betteraves braisées 34
ou
Salade de pommes de terre tièdes
à la moutarde 124

* * *

C'est toujours bon.

Tartes fines mangues
et frangipane 163

* * *

2

* * *

Fumet de champignons 48
aux petits légumes
ou
Potage à la courge musquée 47

* * *

Arôme garanti.

BRAISÉ DE BŒUF
À L'ANIS ÉTOILÉ 89

—

Purée de céleri-rave 123
et bok choy 114

* * *

Fruits de saison
ou
Gelée d'agrumes 140

* * *

3

* * *

Réconfortant!

Poireaux rôtis à la menthe 25
ou
Salade de verdure,
vinaigrette au parmesan 30

* * *

OSSO BUCO AU FENOUIL 90

—

Polenta cuite au four 129
ou
Purée de pommes de terre 122
ou
Pâtes au beurre
et à la gremolata 90

* * *

Panna cotta 32

* * *

4

* * *

Plateau pour l'apéro
sans trop cuisiner 12
ou
Stracciatella 44

* * *

En toute saison.

POULET AU FROMAGE
ET LÉGUMES RÔTIS 68
(version avec ou sans fromage)

* * *

Croustillant pommes pacanes 160

* * *

5

* * *

Potage à la courge musquée 47

* * *

Un classique.

CHAMPVALLON 84

—

Salade verte

* * *

Raisins au porto 144
ou
Poires pochées au miel épicé 146

* * *

6

Repas autour d'un plat braisé.

* * *

Peperonata 120
ou
Artichauts à la provençale 28

* * *

AGNEAU BRAISÉ
EN PAPILLOTE 86

—

Purée de pommes de terre 122
et légumes de saison

* * *

Poires pochées au miel épicé 146
ou
Pots de crème au chocolat 154

* * *

Pasta et pizza

* * *

Entrées et amuse-bouches

Fumet de champignons **48**
aux petits légumes

—

Artichauts à la provençale **28**

—

Plateau pour l'apéro
sans trop cuisiner **12**

—

Salade de fenouil **36**

—

Salade de verdure,
vinaigrette au parmesan **30**

—

Olives au martini **14**

* * *

Plat principal

Pâtes sauce tomate

—

Pasta pepe e cacio **96**

—

Pâtes à la saucisse et aux épinards **100**

—

Pasta à la caponata **98**

—

Pizza à l'œuf **104**

—

Pissaladière **106**

* * *

Dessert

Panna cotta **132**

—

Biscotti Vin Santo

—

Nougat et fruits de saison

—

Une glace artisanale avec
tuiles croustillantes au Rice Crispies **138**
ou sauce au chocolat **170**

—

Affogato **145**

—

Raisins au porto **144**

* * *

Repas asiatique 1

* * *

Soupe aux œufs à la chinoise **44**

* * *

FILET DE PORC À L'ASIATIQUE **80**

—

Salade de cresson nipponne **35**

ou

Légumes rôtis **116-119**

* * *

Yaourt glacé aux litchis **136**

ou

Tartes fines mangues
et frangipane **163**

ou

Tuiles croustillantes
au Rice Crispies **138**
et sorbet exotique du commerce

* * *

Repas asiatique 2

* * *

Salade de cresson nipponne **35**

* * *

Un bol bien fumant.

SOUPE-REPAS ASIATIQUE
AU POULET **66**

* * *

Boutons à la cardamome **149**
avec du thé

ou

Sorbet à la mandarine **138**

* * *

Les fêtes 1

* * *

Mousse de foies de volaille 21

ou

Mousse de saumon fumé 18

ou

Huîtres 40

* * *

Cela va de soi.

POITRINE DE DINDE
AU PAMPLEMOUSSE 74

—

Légumes verts
(petits pois ou haricots verts)
et salade de betteraves braisées 34
et purée de patates douces
(sans olives) 123
ou purée de céleri-rave 123

* * *

Pouding vapeur
au chocolat épicé 156

ou

Plateau de mignardises :
biscuits, chocolat, truffes, fruits,
raisins au porto 144, nougat

* * *

Les fêtes 2

* * *

Fumet de champignons 48

ou

Mousse de foies de volaille 21

* * *

Un vrai délice.

TOURTE DE DINDE
ET DE CANARD 76

—

Salade de verdure et salade
de betteraves braisées 34
et sauce aux canneberges 170

* * *

Pouding vapeur
au chocolat épicé 156

ou

Plateau de mignardises :
biscuits, chocolat, truffes, fruits,
raisins au porto 144, nougat

* * *

Les fêtes 3

* * *

Huîtres 40

ou

Cappuccino de champignons 50

* * *

ESCALOPE DE DINDE PICCATA 72

—

Purée de pommes de terre/
voir les garnitures 122
et haricots verts rôtis 118

* * *

C'est tout bon.

Pots de crème au chocolat 154

ou

Raisins au porto 144

ou

Plateau de mignardises :
biscuits, chocolat, truffes, fruits,
raisins au porto 144, nougat

* * *

Idées cadeaux

* * *

Grissinis 16

—

Mousse de foies de volaille
aux figues 21

—

Magrets de canard séchés 38

—

Minestrone 42

—

Potage à la courge musquée 47

—

Huile pimentée 176

—

Huile au citron 176

—

Poires pochées au miel épicé 146

—

Boutons à la cardamome 149

—

Carrés de truffe 150

—

Cakes amandes, chocolat
et dattes 152

—

Gâteau de fête au chocolat 158

—

Caramel à tartiner 166

* * *

* * *

Des mercis, des mercis, des mercis !
Je vous l'ai déjà dit,
je vous le redis et vous l'écris,
dans l'ordre, le désordre peu importe :
ma cuisine ne se mesure pas,
mes remerciements non plus,
mais ils sont chaleureusement et
uniquement pour vous.

* * *

Merci à Stéphan Boucher,
grâce à toi nous y sommes arrivés !

—

Un très gros merci à Daniel Pinard.

—

Merci à mes amis et à ma famille
pour leur précieuse écoute durant
la rédaction de ce livre.

—

À l'Agence Goodwin,
Marie-Claude Goodwin,
Patrick Leimgruber de savoir
si bien m'accompagner.

—

À André Cornellier pour y avoir cru,
depuis toujours…

* * *

* * *

Merci à tous ceux
qui m'ont épaulée
durant la réalisation du livre,
Louise Pesant,
Michelle Gélinas.

—

Un gros merci à Louise Savoie
et à ses assistants Jade Martel
et Alain Fournier pour les
très belles photos et pour leur
grande disponibilité.

—

Grazie *Elena, Nino* e *Antonio.*
Steve, merci.

—

Un gros merci à Pierre Drouin.

—

Merci à Josée Robitaille
qui a si gentiment pris la relève.

—

Merci à Colette Brossoit
et à Caroline Dumais
pour leur chaleureux accueil.

—

Un grand merci à Maryse Cantin
pour sa générosité.

—

Merci à Mario Mercier,
à Marie-Noëlle Turcotte,
à Nathalie Bonenfant, et à toute
la belle équipe de graphistes
chez orangetango.

* * *

Merci à Télé-Québec
d'avoir accepté que le livre porte
le nom de l'émission.

—

Merci à Zone3
d'avoir généreusement
participé au projet.

—

Merci à Gaz Métro
pour son appui.

* * *

Merci aux maraîchers,
aux marchands, aux importateurs
qui ont le souci de la qualité
et de l'écologie et qui nous donnent
accès à de merveilleux produits.

* * *

A

* * *

B

* * *

C

* * *

D

* * *

R

* * *

S

* * *

T

* * *

V

* * *

Y

* * *